당신의 연봉을 높여줄

마법의 명언들

사랑하는 아내 김진아에게

WOW
Words Of Wisdom
BOOK

당신의 연봉을 높여줄
마법의 명언들

AI가 찾아준 최고의 자기계발 명언집

박재수 著

이 책이 다른 책들과 다른 점

이 책에 실린 명언들은 이 시대의 고민을 관통하는 수 천 개의 명언들 중에서 특별한 기준에 의해 선정된 것들이다. 그 선정 기준은 아래와 같다.

1. 우뇌적 상상력을 자극하는 명언들

우뇌적 상상력을 기반으로 해서 한번 읽으면 오랫동안 잊히지 않는 명언들 위주로 엄선했다. 수 천 개의 인용문 중 라임도 탁월하고 의미도 심오한 것들을 골랐지만 무엇보다도 한번 들으면 잊히지 않는 우뇌적 상상력을 자극하는 명언들을 가장 중요한 대상으로 삼았다. 예를 들어, If you have to swallow a frog, don't stare it too long. (개구리를 삼켜야 한다면 오래 쳐다보지 말라.) 금방이라도 개구리가 목구멍을 넘어갈 것 같은 생생함이 있어 절대 잊히지 않는 명언이라 할 수 있다.

2. 영어의 라임이 살아 있는 명언들

명언들의 원본인 영어 문장에서 Rhyme(라임)은 매주 중요한 역할을 한다. 전달코자 하는 메시지 효과를 극대화함으로써 읽는 사람이 특별한 형식으로 받아들이게 한다. 라임은 고급 영어의 가장 독특한 특징 중의 하나이며, 이 특징은 일반적으로 영어를 학습하는 데 큰 도움을 주기도 한다. 예를 들어, Home is dark without mom. Home is hard without dad. (엄마가 없으면 집안이 어둡고, 아빠가 없으면 집안이 힘들다.) 이 문장에서처럼 dark와 hard, 그리고 mom과 dad가 서로 대비 형태를 취

당신의 연봉을 높여줄 마법의 명언들

하고 있어 영어 구조상 매우 두드러진 특징을 갖게 되는데 이는 그 의미를 선명하게 할 뿐 아니라 언어학적으로도 매우 중요한 전달법이다.

3. 심장에 꽂히는 강렬한 의미를 갖는 명언들

영어의 특성을 최대한 드러내면서 독자들로 하여금 그 의미를 음미하게 만들고 감동을 주는 멘토링 영어를 선정했다. 예를 들어, I can bear any pain as long as it has a meaning. (어떠한 고통도 의미를 가지는 한 참아 낼 수 있다.) 이는 그 통렬한 의미로 인해 한참을 생각하게 하는 말이라 생각된다. 이 책에 담겨 있는 모든 인용문들은 하나 하나가 지금의 시대적 고민을 묵상하게 하는 것들이라 선정된 것이다.

시각적 표현의 장기 기억 효과

이 책의 가장 큰 특징을 들라고 하면 단연코 시각적 표현에 의한 장기적 기억 효과를 갖는 명언들이 선별되었다는 점이다.

우리 뇌는 좌뇌와 우뇌로 나누어져 있는데 각각 그 역할이 다른 것으로 알려져 있다. 좌뇌는 논리, 언어, 수리, 정보 처리에 능하고, 우뇌는 창의성, 예술성, 공간 지각, 이미지 인식, 감정과 직관 등을 담당한다.

특히 시각적 정보는 우뇌를 자극하여 장기적인 기억 효과를 갖는데, 언어적 정보가 시각적 정보와 함께 들어오면 뇌 속에서는 정보의 코딩이 이중화되어 더 강력한 기억으로 남게 된다. 즉, 언어적 정보가 좌뇌를 자극하고 동시에 시각적 정보가 우뇌를 자극하면 기억 효과가 훨씬 장기적으로 이뤄지게 된다.

예를 들어, '고도 성장의 시대'라는 말보다는 '대나무처럼 쑥쑥 성장하는 시대'라는 말이 훨씬 더 기억에 오래 남는 것은 '고도 성장'은 개념적 언어 자극인 데 반해 '대나무처럼 쑥쑥 성장하는'은 '대나무', '쑥쑥'이라는 시각적 언어가 우뇌를 동시에 자극하여 장기적 기억으로 전환되기 때문이다.

이 세상에 많은 명언들이 존재하지만 이렇게 시각적인 자극을 함께 줄 수 있는 명언들을 고르고 골라 이 책을 만들게 되었다. 예를 들어, "Be careful who you trust. Salt and sugar look the same." (누구를 믿을지 조심하라. 소금과 설탕은 똑같이 생겼다.) 여기서 'salt'와 'sugar'는 시각적 언어이기 때문에 우뇌를 동시에 자극하는 것이다.

독자들은 이와 같은 관점에서 이 책의 내용을 살펴봐 주기를 바라며, 시각적 정보를 극대화한 명언들이 오랫동안 마음에 기억되어 인생의 전환점을 맞는 계기가 되기를 간절히 바라 마지않는다.

글로벌 리더들의 멘토링을 품은 명언들

글로벌 리더들은 이 시대를 사는 젊은이들에게 무엇을 얘기하나. AI의 도움을 받아 글로벌 리더들이 말하는 멘토링 영어를 선정하여 모음집으로 꾸몄다. 살아 숨 쉬는 명언들을 통해 동시대 글로벌 리더들의 놀라운 Words of Wisdom (WoW) 지혜의 말에 귀를 기울여 보자.

이 시대 관통하는 젊은이들의 고민과 해법

수 천 개의 멘토링 영어 글을 읽고 그중 가장 어필이 될 만한 것들을 고르는 과정에서 하나의 현상이 나타났는데 내용면에 있어서 몇 개의 카테고리로 분류되었다. 이는 이 시대의 젊은이들의 고민을 나타내는 주제들이라 생각된다. 이것은 이 책의 목차가 되었는데, 꿈과 목표, 챔피언과 두려움, 친구와 적, 삶과 지혜, 사랑과 아픔 이렇게 다섯 개였다. 이 다섯 가지의 주제를 통해 젊은이들의 고민과 이에 대한 글로벌 리더들의 멘토링은 어떤 것들이 있는지 알아보자.

책 한 권의 위력을 갖는 한 문장의 명언

이 책에 담긴 명언들은 의미면에 있어서 모두 책 한 권의 무게가 담겨 있는 것들이라고 해도 과언이 아니다. 따라서 이 책 한 권을 읽는다는 것은 수 백 권의 책을 읽는 것과 같은 의미가 있다고 할 수 있다. 강렬한 메시지가 담겨 있는 명언들을 통해 독자들은 희망과 용기, 열정과 도전을 느낄 수 있을 것이라 믿는다.

우뇌 자극형 스토리텔링

이 책에 담긴 명언들은 우뇌적 기억을 자극하는 것들로 이루어져 있다. 우뇌적 상상력을 자극하는 글들은 오랫동안 기억되는 글이라는 뜻이다. 현학적이고 추상적인 글들이 아니라 형상적인 언어들을 바탕으로 우뇌를 자극하는 것들이라서 어떤 특정한 환경이 되면 자동으로 머리 속에 떠오르는 글들이다. 한 번 읽고 잊어버리는 명언이 아니라 머릿속에 오래 간직될 명언들이라서 인생을 살아가는 데 많은 도움이 될 뿐만 아니라 도전 정신을 통해 사회 생활에 있어서도 강력한 힘이 되리라 믿는다.

맺음말

필자는 이 책에 담겨 있는 글로벌 리더들의 멘토링 명언들을 통해 젊은 독자들의 마음속에 있는 열정에 불이 붙고 잊었던 잠자고 있는 꿈이 다시 깨어나기를 바라 마지않는다. 독특한 문장 구조를 갖는 화법을 통해 열정을 회복하고, 정곡을 찌르는 에세이를 통해 삶의 방향을 잡는 결과가 있기를 간절히 소망한다. 꿈을 꾸는 것은 인생 성공의 첫 단계다. 꿈이 없으면 아무것도 일어나지 않는다. 꿈을 이루기 위해서는 꿈에서 깨어나야 한다. 개구리를 삼켜야 한다면 너무 오래 쳐다봐서는 안 된다. 꿈의 실현을 위해 마음을 결단하는 독자 여러분에게 용기와 격려를 주는 책이 되기를 바란다.

중요도 표시(별표) 설명

이 책에 선정된 문장들은 모두 기억할 만한 문장들이고 특별히 어느 것이 더 중요하다라고 말할 수 없을 정도로 모두가 보석 같은 문장들이다. 하지만 독자들의 편의를 위해 이것만큼은 기억하면 좋겠다고 생각하는 문장들에 별표를 표시하였다.

별표 하나(*) 라임, 우뇌적 상상력, 내용의 깊이 이 세 가지 기준에서 적어도 하나가 탁월해서 기억할 만하다고 생각되는 것을 저자의 주관적인 기준으로 선정하여 별표로 표시했다. 극히 주관적인 관점에서 표시한 것이므로 참고만 하시기를 바란다.

별표 둘(**) 라임, 우뇌적 상상력, 내용의 깊이 이 세 가지 기준에서 적어도 두 개가 탁월한 명언에 표시하였다.

별표 셋(*)** 라임, 우뇌적 상상력, 내용의 깊이 이 세 가지 기준 모두에서 탁월하거나 또는 이에 준하는 탁월성을 갖춘 명언에 표시하였다. 별표 세 개를 표시한 것은 이 책에 쓰인 문장들 중에서 형식적으로나 메시지면에서 최고의 명언들이다. 이 문장들만큼은 꼭 기억하기를 바란다.

당신의 연봉을 높여줄 마법의 명언들

한글 번역 관련 당부 사항

이 책에 나온 명언들은 한글로 표기되어 있으나 가급적 영문 원문 자체를 읽고 이해해 주시기를 당부드린다. 왜냐하면 영어의 문장 구조와 뉘앙스가 번역으로는 표현이 잘 될 수 없는 부분이 많기 때문이다. 다만, 독자들이 영어 문장들의 의미를 파악하는 것을 돕고자 한글 번역을 제공하고 있다.

한글 번역 시 가장 중점을 두었던 것은 한글 번역문 그 자체로 한글의 멋을 그대로 살리는 것이었다. 그래서 약간씩의 언어적 보정이 있었기에 문자 그대로 번역이 되지 않은 부분이 있다. 예를 들면, you를 번역할 때 명확성을 높이기 위해 '당신'이라고 번역하는 경우도 있지만 '나' 또는 '우리'로 번역한 경우도 많다. 또한 대부분의 경우 주어를 생략하고 번역했음을 이해해 주시기 바란다. 결론적으로 이 책의 한글 번역은 영문을 이해하는 보조 수단으로만 삼아 주시면 좋을 거 같다.

영어 원문의 문법 유의 사항

이 책에 나온 원어 영어 명문들은 교과서적인 문법 규칙을 지키지 않는 경우가 종종 있다. 특히 일반 사람들을 지칭하는 대명사인 someone, they, a person 등은 단복수가 혼재되어 있어 독자들로 하여금 의문을 갖게 할 수 있다. 문법적으로 틀려 보일 수는 있어도 의미 전달에 문제가 없는 것으로 봐서 원문을 수정하지 않고 그대로 게재했음을 양해해 주시기 바란다.

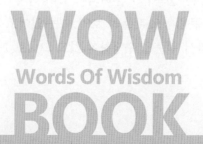

‖ 목 차 ‖

Chapter 1

Dreams and Goals
꿈 그리고 목표

더 높이 더 멀리 날아오르기 위해서는 그만큼 큰 꿈을 가져야 한다. 꿈이 목표가 되고 목표가 현실이 되는 치열한 삶을 사는 젊은이들을 위한 글로벌 리더들의 영어 명언 한마디. 그들의 말에 귀를 기울여 보자.

목표는 데드라인을 가진 꿈이다.

A goal is a dream with a deadline. ***

Napoleon Hill, 미국 저술가

꿈이 간절하면 방법을 찾고 간절하지 않으면 변명을 찾게 된다. 간절함의 정점은 데드라인이다. 데드라인이 '죽는 날'이 아니라 '죽여주는 날'이 되기를 바라며.

〈Tips〉 a dream with a deadline 데드라인을 가진 꿈

💡 AI 추천 명언

미래는 꿈의 아름다움을 믿는 사람들에게 속한 것이다.

The future belongs to those who believe in the beauty of their dreams. – Eleanor Roosevelt *

〈Tips〉 belong to ~에 속하다

목표를 정하는 것은 보이지 않는 것을 보이는 것으로 만드는 첫 단계이다.

Setting goals is the first step in turning the invisible into the visible. – Tony Robbins *

〈Tips〉 invisible 보이지 않는 visible 보이는 turn the invisible into the visible 보이지 않는 것을 보이는 것으로 바꾸다

당신의 연봉을 높여줄 마법의 명언들

꿈은 공짜지만, 목표는 공짜가 아니다.

Dreams are free. Goals have a cost. ***

Usain Bolt, 육상 세계 챔피언

꿈은 깨어 있는 소수의 특권이다. 꿈을 이루기 위한 비용은 복리 이자처럼 불어서 어느 날 로또처럼 되돌아올 것이다. 이런 비용을 지불한 사람만이 인생을 소유할 수 있다.

〈Tips〉 Free 공짜의, 자유로운 Cost 비용

 AI 추천 명언

성공이 일보다 먼저 오는 곳은 사전밖에 없다.

The only place where success comes before work is in the dictionary. – Vidal Sassoon **

〈Tips〉 사전에서 S는 W보다 먼저 옴

노력은 당신이 원하는 미래를 살 수 있는 돈이다.

Effort is the currency that buys you the future you desire.
– Kyle Vidrine *

〈Tips〉 currency 화폐 the future you desire 당신이 원하는 미래

당신이 일하지 않으면 꿈도 일하지 않는다.

Dreams don't work if you don't. **

John C. Maxwell, 미국 리더십 컨설턴트

데드라인 없는 꿈은 몽상에 불과하다. 지금 꾸는 꿈이 악몽이 되지 않으려면 오늘 결심하고 시작해야 한다. 지금 결심하라.
그리고 보라. 온 우주가 당신의 꿈을 실현시키기 위해 움직이는 것을.

AI 추천 명언

인생의 기회는 작업복을 입고 일처럼 보이기 때문에 많은 사람들이 놓친다.

Most people miss opportunity because it is dressed in overalls and looks like work. – Thomas Edison **

〈Tips〉 miss 놓치다 dressed ~으로 입은 overalls 작업복

내일의 실현에 대한 유일한 한계는 오늘의 의심이다.

The only limit to our realization of tomorrow will be our doubts of today. – Franklin D. Roosevelt *

〈Tips〉 realization 실현 doubt 의심

당신의 연봉을 높여줄 마법의 명언들

진실로 나를 아프게 하라.
거짓으로 나를 위로하지 말라.

Hurt me with truth.
Never comfort me with a lie. ***

Erza Scarlet, 애니메이션 Fairy Tail 주인공

진실에 의해 살이 찢어지면 그 찢어진 틈으로 빛이 들어온다. 감춰진 비밀을 고름 짜내듯 짜내면 새살이 돋고 새로워진다. 그러므로 두렵더라도 진실을 마주해야 한다.

〈Tips〉Hurt 아프게 하다 Truth 진실 Comfort 위로하다 Lie 거짓말

 **AI 추천 명언**

진실에게 빰을 맞는 것이 거짓에게 키스를 받는 것보다 낫다.

Better to be slapped with the truth than kissed with a lie.

– Russian Proverb *

〈Tips〉slap 빰을 때리다

진실은 사자 같아서 보호할 필요가 없다. 그대로 놔두면 그것은 스스로를 보호한다.

Truth is like a lion; you don't have to defend it. Let it loose; it will defend itself. – Saint Augustine *

〈Tips〉loose 느슨한 let it loose 풀어놓다

개구리를 삼켜야 한다면,
너무 오래 쳐다보지 말라.

If you have to swallow a frog,
don't stare it too long. ***

Mark Twain, 미국 소설가

개구리를 삼켜야 한다면 망설일 거 없이 그냥 삼켜 보는 거다. 목구멍만 통과하면 괜찮다. 그런 나만의 레전드 역사 없이 성공을 이루는 것은 불가능하다.

〈Tips〉 Swallow 삼키다 Frog 개구리 Stare 쳐다보다

 **AI 추천 명언**

남보다 앞서가는 비결은 먼저 출발하는 것이다.

The secret of getting ahead is getting started. – Mark Twain *

〈Tips〉 get ahead 앞서다 get started 시작하다

기다리지 말라. 완벽한 시간은 결코 오지 않는다.

Don't wait. The time will never be just right. – Napoleon Hill *

〈Tips〉 just right 정확히 맞는

실패보다 더 많은 꿈을
죽이는 것은 의심이다.

Doubt kills more dreams
than failure ever will. ***

Suzy Kassem, 미국 작가

의심은 실패에 대한 변명을 마음 속에 미리 준비해 놓는 것이다. 실패는 꿈을 이루는 과정이지만 의심은 꿈을 죽이는 과정이다.

〈Tips〉 Doubt 의심 ever는 강조부사

 **AI 추천 명언**

인생에서 가장 큰 실수는 실수할까 봐 계속 두려워하는 것이다.

The greatest mistake you can make in life is to be continually fearing you will make one. – Elbert Hubbard *

〈Tips〉 one = a mistake

20년 후에 당신은 당신이 했던 것 때문이 아니라 하지 않은 것 때문에 더 후회할 것이다.

Twenty years from now you will be more disappointed by the things that you didn't do than by the ones you did do. – H. Jackson Brown Jr. *

〈Tips〉 the things that you didn't do 하지 않은 것 the ones you did do 한 것

당신이 죽인 시간은 그냥 죽지 않는다.
반드시 복수가 있다.

The time you kill does not die without avenging itself. ***

Paul Ricœur, 프랑스 철학자

시간을 죽이면 시간에게는 살인행위다. 그래서 자기를 죽인 사람을 잊지 않는다. 그러나 쏜살같이 날아가는 시간을 잘 조준하라. 과녁에 적중하면 금메달이다.

〈Tips〉 Kill time 시간을 죽이다 Avenge ~의 원한을 갚다 (avenge itself 자신의 원한을 갚다

🔅 AI 추천 명언

당신은 지체해도 시간은 지체하지 않는다.

You may delay, but time will not. – Benjamin Franklin *

〈Tips〉 delay 지체하다

시간은 사람들이 가장 원하는 것이지만 가장 허투루 쓰는 것이기도 하다.

Time is what we want most, but what we use worst. – William Penn *

〈Tips〉 what we want most 가장 원하는 것 what we use worst 가장 허투루 쓰는 것

당신의 연봉을 높여줄 마법의 명언들

당신을 필요로 하는 것은 당신의 미래다.
당신의 과거는 당신을 필요로 하지 않는다.

Your future needs you.
Your past doesn't. **

Roy T. Bennett, 자기계발 전문가

과거는 당신의 머리 안에 있고, 미래는 당신의 손안에 있다. 과거의 짝
사랑에서 깨어나 내 손안에 있는 미래를 사랑하라. 미래의 당신이 지금
의 당신을 또렷이 기억하고 있다.

〈Tips〉 Future 미래 Past 과거 Doesn't = Doesn't need you

🔅 AI 추천 명언

미래를 예측하는 가장 좋은 방법은 미래를 창조하는 것이다.

The best way to predict the future is to create it. – Peter Drucker *

〈Tips〉 predict 예측하다 create 창조하다

과거는 배움의 장소이지 체류의 장소가 아니다.

The past is a place of learning, not a place of living. – Unknown *

〈Tips〉 learning 배움 living 삶

하나님이 당신의 둥지를 흔들고 있다면,
당신을 날아오르게 준비시키는 것이다.

If God is shaking your nest,
it means he is preparing you to fly. ***

Julius Czar Daoa, 필리핀 리더십 박사

고난은 하나님이 준비한 훈련의 때다. 당신이 지금의 자리에 머물러 있어서는 안 되는 사람이라는 것을 일깨우는 시간이다. 세차게 흔들리는 둥지에서 버텨 봐야 소용없다. 이미 하나님은 당신을 날아오르게 하기로 작정했기 때문이다.

〈Tips〉 Shake 흔들다 Nest 둥지 Prepare you to fly 당신을 날도록 준비시키다

💡 AI 추천 명언

인생은 안전지대 끝에서 시작된다.

Life begins at the end of your comfort zone. – Neale Donald Walsch *

〈Tips〉 comfort zone 안전지대

하나님은 당신이 원하는 사람이 아니라 당신에게 필요한 사람을 주신다.

God doesn't give you the people you want; He gives you the people you need. – Unknown *

〈Tips〉 people you want 당신이 원하는 사람들 people you need 당신이 필요한 사람들

당신의 연봉을 높여줄 마법의 명언들

당신이 어둠 속에 있다면
파묻혀 있는 것이 아니라 심어져 있는 것이다.

When you are in a dark place,
you think you've been buried but
actually you've been planted. ***

Christine Caine, 오스트레일리아 리더십 전문가

어둠 속은 죽어 가는 곳이 아니라 다시 태어나는 곳이다. 썩어 가는 곳이 아니라 생명의 싹이 트는 곳이다. 지금 어둠 속에서 앞이 안 보인다면 눈을 감았다 생각하고 기도하라.

〈Tips〉 Bury 묻다 Plant 심다

 AI 추천 명언

애벌레가 세상 끝이라고 부르는 것을 조물주는 나비라고 부른다.

What the caterpillar calls the end of the world, the Master calls a butterfly. – Richard Bach *

〈Tips〉 caterpillar 애벌레 the Master 조물주

동트기 전이 가장 어둡다.

The night is darkest just before the dawn. – Thomas Fuller *

〈Tips〉 dark 어두운 dawn 새벽

배는 항구에 있으면 안전하다.
그러나 배가 그러라고 만들어진 것은 아니다.

A ship is safe in harbor, but
that's not what ships are made for. **

John A. Shedd, 미국 작가

배가 항구에 정박해 있는 것은 목적지가 정해져 있지 않기 때문이다. 그래서 질문해야 한다. 내 삶의 목적지는 어디인가. 이 질문 하나가 잠자는 당신의 눈을 뜨게 만들 것이다.

〈Tips〉 Harbor 항구 Make ~ for ~를 위해 ~을 만들다

🔦 AI 추천 명언

숏하지 않은 것은 100% 실패한다.

You miss 100% of the shots you don't take. – Wayne Gretzky *

〈Tips〉 miss 놓치다 take a shot 숏하다

행운은 용기 있는 자를 편애한다.

Fortune favors the bold. – Virgil **

〈Tips〉 favor 선호하다 the bold 대담한 사람들

당신의 연봉을 높여줄 마법의 명언들

가져 본 적 없던 것을 갖고 싶으면,
해 본 적 없던 것을 해야 한다.

To get what you never had, you have
to do something you never did. **

Denzel Washington, 미국 영화배우

새로운 것을 갖기 위해서는 새로운 것을 해야 한다. 성공의 과정은 내가 겪어 보지 못한 새로운 나를 발견하는 과정이다.

〈Tips〉 What you never had 가져 본 적 없던 것 Something you never did 해 본 적 없던 것

🔔 AI 추천 명언

우리의 인생은 우연에 의해 좋아지지 않는다. 변화에 의해 좋아진다.

**Your life does not get better by chance, it gets better by change. – Jim Rohn **

〈Tips〉 by chance 우연에 의해 by change 변화에 의해서

변화한다는 것은 더 좋아진다는 것이다. 계속 변화한다는 것은 완전하게 된 다는 것이다.

To change is to improve and to change often is to be perfect.
– Winston Churchill *

〈Tips〉 improve 향상하다 perfect 완전한

당신이 바라는 기적은
당신이 회피하는 일에 있다.

The magic you are looking for is
in the work you are avoiding. ***

Dipen Parmar, 미국 리더십 전문가

우리가 바라는 기적은 우리가 회피하고 있는 것과 대체로 일치한다. 성공은 두려움의 뒤쪽에 있다. 회피하면 다른 사람의 것이 된다.

〈Tips〉 look for 구하다 avoid 피하다

 **AI 추천 명언**

성공은 실패가 피할 수 없는 것이라는 것을 모르는 사람이 이룬다.

Success is often achieved by those who don't know that failure is inevitable. – Coco Chanel *

〈Tips〉 inevitable 불가피한

행해진 작은 행위가 계획한 위대한 행위보다 낫다.

Small deeds done are better than great deeds planned. – Peter Marshall *

〈Tips〉 small deeds done 행해진 작은 행위 great deeds planned 계획한 위대한 행위

직면하지 않는 두려움은 한계가 된다.

The fears you don't face become your limits. **

Robin Sharma, 캐나다 동기부여 전문가

두려워하는 것의 90%는 실제 일어나지 않는다. 우리가 두려워했던 일이 실제 일어난 적이 있었나. 두려움은 나쁜 습관의 일종이다.

〈Tips〉 face 직면하다 limit 한계

🔆 AI 추천 명언

당신이 원하는 모든 것은 두려움의 뒤쪽에 있다.

Everything you've ever wanted is on the other side of fear.

– George Addair **

〈Tips〉 on the other side 다른 쪽에, 뒤쪽에

두려움과 마찬가지로 한계란 허상에 불과하다.

Limits, like fear, are often just an illusion. – Michael Jordan *

〈Tips〉 illusion 허상

언젠가 할 것인지 오늘부터 할 것인지 결정하라.

One day or day one, you decide. **

Paulo Coelho, 브라질 소설가

결심에 좋은 타이밍은 없다. 오늘이 결심하기 가장 좋은 날이다. 오늘이 실행 첫날이라고 결심하면 그때부터 운명은 바뀌기 시작한다. 온 우주가 그 결심을 이뤄 주기 위해 움직이기 때문이다.

〈Tips〉 One day 언젠가 Day one 실행 첫날

💡 AI 추천 명언

시작하기 위해 위대해야 하는 것이 아니다. 위대해지기 위해 시작해야 한다.

You don't have to be great to start, but you have to start to be great. – Zig Ziglar *

〈Tips〉 be great to start 시작하기 위해 위대해지다 start to be great 위대해지기 위해 시작하다

지체하는 것은 계속 어제를 사는 것이다.

Procrastination is the art of keeping up with yesterday. – Don Marquis **

〈Tips〉 procrastination 지체, 지연 keep up with 뒤따라가다

당신의 연봉을 높여줄 마법의 명언들

안 좋은 소식은 시간이 날아간다는 것이다.
좋은 소식은 당신이 파일럿이라는 것이다.

The bad news is that time flies.
The good news is that you are the pilot. ***

Michael Altshuler, 미국 리더십 컨설턴트

인생은 속도가 아니라 방향이다. 빛처럼 날아가는 시간을 내 것으로 만들려면 어디로 날아가는지부터 깨달아야 한다. 인생의 목적을 아직 발견하지 못했다면 비행 조종석에서 잠을 자고 있는 파일럿과 같다.

💡 AI 추천 명언

미래는 지금 무엇을 하고 있느냐에 달려있다.

The future depends on what you do today. – Mahatma Gandhi *

시간은 공짜지만 가치를 매길 수 없을 만큼 소중하다.

Time is free, but it's priceless. – Harvey Mackay *

〈Tips〉 priceless 값을 매길 수 없을 만큼 소중한

나를 늑대 속으로 던져 보라.
늑대 무리를 이끌고 돌아올 테니까.

Throw me to the wolves.
I will return leading the pack. **

Suzanne Collins, 미국 소설가 The Hunger Games 저자

실패를 딛고 일어서서 늑대 무리를 이끌고 돌아오면 사람들이 다들 깜짝 놀랄 것이다. 그대의 얼굴의 상처들을 보고 두려워할 것이다. 성공한 사람들은 그렇게 보이지 않는 상처투성이다.

〈Tips〉 pack 늑대 무리

AI 추천 명언

성공하는 사람과 성공하지 못하는 사람의 차이는 힘의 부족도 아니고 지식의 부족도 아니다. 의지의 부족이다.

The difference between a successful person and others is not a lack of strength, not a lack of knowledge, but rather a lack of will. – Vince Lombardi *

〈Tips〉 lack of ~의 부족 will 의지

기적은 고난 가운데 만들어진다.

Out of difficulties grow miracles. – Jean de La Bruyère *

〈Tips〉 miracle 기적

당신의 연봉을 높여줄 마법의 명언들

과거에는 미래가 없다.
단지 교훈만 있을 뿐.

There is no future in the past, just lessons. *

Tony Robbins, 미국 리더십 전문가

과거로 돌아갈 거 아니면 그쪽을 볼 필요가 없다. 미래가 당신을 기다리고 있기 때문이다. 과거에서 미래를 찾는 것은 백미러를 보며 운전하는 것과 같다.

〈Tips〉 Future 미래 Past 과거 Lesson 교훈

🔅 AI 추천 명언

과거로 돌아가서 시작을 바꿀 수는 없다. 그러나 지금 있는 자리에서 시작해서 끝을 바꿀 수는 있다.

You can't go back and change the beginning, but you can start where you are and change the ending. – C.S. Lewis **

〈Tips〉 beginning 시작 ending 끝

하나님은 당신을 위해 준비한 것을 위해 당신을 준비시킨다.

God is preparing you for what He has prepared for you.
– Christine Caine **

〈Tips〉 what He has prepared for you 당신을 위해 하나님이 준비한 것

악마가 당신으로 하여금 과거만 보게 만든다면,
당신이 보지 말기를 바라는 무언가가 미래에 있기 때문이다.

When the devil keeps asking you to look in the past, there is something in the future he doesn't want you to see. ***

T.D. Jakes, 미국 목사

악마가 공격을 하고 있다면 당신은 옳은 일을 하고 있는 것이다. 미래가 잘 안보여도 보려고 노력하라. 자세히 보면 보인다. 그리고 당신이 찬란한 미래를 봤다면 이미 승리한 사람이다.

〈Tips〉devil 악마 keep asking 계속 요구하다

AI 추천 명언

꿈을 좇을 용기가 있다면 꿈은 모두 이뤄질 수 있다.

All our dreams can come true, if we have the courage to pursue them. – Walt Disney *

〈Tips〉come true 이뤄지다 pursue 추구하다

스트라이크를 당할 때마다 나는 홈런으로 다가가고 있다.

Every strike brings me closer to the next home run. – Babe Ruth *

〈Tips〉strike 스트라이크 home run 홈런

당신의 연봉을 높여줄 마법의 명언들

사람들이 당신의 목표를 듣고 웃지 않는다면,
당신의 목표는 너무 작은 것이다.

If people are not laughing at your goals, your goals are too small. **

Azim Premji, 인도 기업가

목표를 너무 쉽게 달성한다면 퇴보하는 것은 아닐까 생각하라. 기왕 목표를 세울 거면 사람들이 비웃을 정도로 원대하고 위험하며 대담한 목표를 세우라.

〈Tips〉 laugh at ~을 보고 웃다

 AI 추천 명언

달을 향해 쏴라. 달을 맞추지 못하더라도 별 사이에는 도달할 테니까.

Shoot for the moon. Even if you miss it you will land among the stars. – Les Brown *

〈Tips〉 shoot 쏘다 land 착륙하다

큰 꿈을 가져라. 그리고 과감히 실패할 각오를 하라.

Dream big and dare to fail. – Norman Vaughan **

〈Tips〉 dream big 큰 꿈을 가지다 dare 담대하게 하다

성공하는 사람은 성공에 집중하고,
실패하는 사람은 사람에 집중한다.

Winners focus on winning.
Losers focus on winners. **

Conor McGregor, UFC 격투기 세계 챔피언

다른 사람과 비교하면 성공을 해도 행복하지 않다. 1등을 해도 행복하지 않은 것은 2등과 비교하기 때문이다. 비교하려거든 어제의 나와 비교하라. 나는 나에 대해 가장 관대하기 때문이다.

〈Tips〉 Focus on winning 성공하는 것에 집중하다 Focus on winners 성공하는 사람에 집중하다

AI 추천 명언

성공한 사람은 평범한 사람이다. 레이저 같은 집중력만 다를 뿐.

The successful warrior is the average man with laser-like focus.
- Bruce Lee *

〈Tips〉 warrior 전사 laser-like 레이저 같은

정상에 오른 사람은 그곳에 떨어진 것이 아니다.

The man on top of the mountain didn't fall there. - Vince
Lombardi **

〈Tips〉 fall 떨어지다

당신의 연봉을 높여줄 마법의 명언들

매일 아침 당신은 계속 꿈을 꾸며 잠을 자든지
아니면 일어나 꿈을 좇든지 해야 한다.

Every morning you can continue to sleep with your dreams or wake up to chase them. *

Carmelo Anthony, 미국 프로 농구 선수

진정한 꿈을 가진 사람은 잠을 잘 수가 없다. 깨어 있는 것이 더 설레기 때문이다. 날아오르기 위해 뛰어내려야 한다면 오래 생각하지 말고 뛰어내려라. 그러지 않으면 누군가가 당신을 둥지 밖으로 던져 버릴지도 모른다.

〈Tips〉 Sleep 자다 chase 좇다

AI 추천 명언

미래의 당신이 고마워할 무언가를 오늘 행하라.

Do something today that your future self will thank you for.

– Sean Patrick Flanery **

〈Tips〉 future self 미래의 자신

유능한 조종사는 폭풍과 태풍을 거쳐야 명성을 얻는다.

Skillful pilots gain their reputation from storms and tempests.

– Epictetus *

〈Tips〉 reputation 명성 storms and tempests 폭풍과 태풍

과거는 당신 머리 안에 있고,
미래는 당신 손 안에 있다.

The past is in your head.
The future is in your hands. **

Alina Wheeler, 미국 마케팅 컨설턴트

인생의 방향이 정해지면 속도는 문제가 되지 않는다. 미래는 머리로 만드는 것이 아니라 손으로 만드는 것이다. 손발을 부지런히 움직이고 있는 그대여 잘하고 있는 것이다.

〈Tips〉 In your head 머릿속에 In your hand 손안에

 AI 추천 명언

뒤를 돌아봐야 하는 유일한 때는 얼마나 멀리 왔는지 확인해야 하는 때다.

The only time you should ever look back is to see how far you've come. – Anonymous *

〈Tips〉 how far you've come 얼마나 멀리 왔는지

우리 뒤에, 우리 앞에 무엇이 있느냐는 중요하지 않다. 우리 안에 무엇이 있느냐에 비하면.

What lies behind us and what lies before us are tiny matters compared to what lies within us. – Ralph Waldo Emerson **

〈Tips〉 tiny 아주 작은 what lies within us 우리 안에 무엇이 있는가

당신의 연봉을 높여줄 마법의 명언들

전사가 되어라. 걱정꾼이 되지 말고.

Be a warrior, not a worrier. ***

Bob Baker, 미국 영화배우

전사는 걱정을 부수는 사람이다. 껍데기 같은 걱정을 부수면 그 뒤에서 찬란히 빛나고 있는 미래의 당신을 만나게 된다.

〈Tips〉 Warrior 전사 Worrier 걱정 많은 사람 (Worrier ← worry)

 **AI 추천 명언**

걱정은 상상력의 오용이다.

Worry is a misuse of the imagination. – Dan Zadra *

〈Tips〉 misuse 오용

두려움은 진실에 다가갈 때 나오는 자연스런 반응이다.

Fear is a natural reaction to moving closer to the truth.
– Pema Chödrön **

〈Tips〉 reaction 반응

당신이 결심하면
온 우주가 이뤄 주기 위해 공모한다.

Once you make a decision, the universe conspires to make it happen. **

Ralph Waldo Emerson, 미국 수필가

당신이 결심을 하면 온 우주가 돕기 위해 움직인다. 그만큼 당신의 결심은 위대하고 당신은 중요한 존재다. 지금 우주 전체가 당신이 결심하기를 기다리고 있다.

〈Tips〉 Make it happen 이루다 Conspire 공모하다

 AI 추천 명언

당신이 결심을 하면 벽으로 둘러 쌓인 곳에서 우주가 문들을 열어주기 시작한다.

When you make a decision, the universe will open doors where there were only walls. – Joseph Campbell *

〈Tips〉 make a decision 결심을 하다

변화를 만들 수 있을 것처럼 행하라. 실제로 그렇게 된다.

Act as if what you do makes a difference. It does. – William James *

〈Tips〉 as if ~인 것처럼 it does = it makes a difference

당신의 연봉을 높여줄 마법의 명언들

승자는 한번 더 도전해 본 패자다.

A winner is a loser
who tried one more time. **

George M. Moore Jr., 미국 동기부여 전문가

마지막 한번을 못 참아 패배자가 되고 그 한번을 더 시도해서 승리자가 된다. 포기한 마지막 사람이 아니라 포기하지 않은 유일한 사람이 되라.
〈Tips〉 one more time 한번 더

 AI 추천 명언

성공이란 실패에서 실패로 넘어지면서도 열정을 잃지 않는 것이다.
Success is stumbling from failure to failure with no loss of enthusiasm. – Winston Churchill *
〈Tips〉 stumble 넘어지다 enthusiasm 열정

절대 포기하지 않는 사람을 절대 이길 수는 없다.
You just can't beat the person who never gives up. – Babe Ruth *
〈Tips〉 beat 부수다 give up 포기하다

당신이 포기하면
다들 그럴 줄 알았다고 할 것이다.

If you quit,
everyone is right about you. **

Eric Thomas, 미국 동기부여 전문가

당신이 포기하기를 바라는 사람들이 생각보다 훨씬 많음을 기억하라. 그들도 한 때 성공을 위해 달렸던 사람들이다. 성공은 그렇게 어려운 것이다.

〈Tips〉 Quit 포기하다 Right 옳은

 AI 추천 명언

성공은 선택받은 소수의 것이 아니라 성공을 선택한 소수의 것이다.

Success is not for the chosen few, but for the few who choose it. – Anonymous *

〈Tips〉 the chosen few 선택받은 소수 the few who choose 선택한 소수

포기는 가장 쉬운 실패의 방법이다.

Quitting is the easiest way to fail. – Anonymous *

〈Tips〉 quit 포기하다

로켓은 이륙할 때
90%의 연료를 소모한다.

The rocket loses
90% of its fuel during takeoff. **

Darren Hardy, 미국 리더십 전문가

이륙할 때 최대 출력을 써야 하는 이유는 추락하지 않기 위해서이다. 뭐든지 쉽게 시작하지 말고, 시작했으면 온 힘을 쏟아 부으라.
〈Tips〉 Fuel 연료 Takeoff 이륙

 AI 추천 명언

성공의 비결은 평범한 것을 비범하게 잘 하는 것이다.

The secret of success is to do the common things uncommonly well. – John D. Rockefeller Jr. *

〈Tips〉 common 평범한 uncommon 비범한

역경이 험하면 험할수록 승리는 더 큰 영광이 된다.

The harder the struggle, the more glorious the triumph.
– Unknown *

〈Tips〉 glorious 영광스런 triumph 승리

당신에게 도전이 되지 않는 것은
당신을 변화시키지 못한다.

If it doesn't challenge you,
it won't change you. *

Fred DeVito, 미국 피트니스 전문가

한계를 넘지 않으면 성장할 수 없다. 도전은 안전지대 밖으로 우리 자신을 던지는 것이다. 한계를 넘어설 때는 성장의 고통이 있다. 고통은 성장의 다른 표현이다.

〈Tips〉 Challenge 도전하다 Change 바꾸다

💡 AI 추천 명언

최저임금 수준의 직업정신으로 백만 달러짜리의 꿈을 가질 수 없다.

You can't have a million-dollar dream with a minimum-wage work ethic. – Anonymous **

〈Tips〉 minimum wage 최저 임금 work ethic 직업 정신

우리에게 가장 큰 위험이 있다면 꿈을 너무 높게 잡고 그것을 이루지 못하는 것이 아니라 꿈을 너무 낮게 잡고 그것을 이루는 것이다.

The greatest danger for most of us is not that our aim is too high and we miss it, but that it is too low and we reach it. – Michelangelo ***

〈Tips〉 aim 목표 miss 놓치다 reach 도달하다

다이아몬드는 강한 압력 속에서 만들어진다.

Diamonds are made under pressure. **

George S. Patton, 미국 육군 사령관

천 번의 연습이 단(鍛), 만 번의 연습이 런(鍊)이라고 한다. 천 일은 대략 3년, 만 일은 대략 30년이다. 다이아몬드 같은 성공은 첫 3년의 압력을 견뎌야 한다. 엄청난 무게를 느끼고 있다면 다이아몬드로 탄생하기 일보 직전임을 믿으라.

〈Tips〉 Under pressure 압력하에

🟡 AI 추천 명언

고난은 자신이 어떤 사람인지 드러나게 한다.

Adversity introduces a man to himself. – Albert Einstein **

〈Tips〉 introduce a man to himself 자신이 어떤 사람인지 알게 된다의 뜻

다이아몬드를 연마 없이 광을 낼 수 없듯이 인간도 고난 없이 완전해질 수 없다.

The diamond cannot be polished without friction, nor the man perfected without trials. – Chinese Proverb *

〈Tips〉 friction 마찰, 연마 trials 고난

지금 당신이 겪는 모든 것은
당신이 원했던 것을 위한 준비 과정이다.

Everything you are going through now is
preparing you for what you've asked for. **

Steve Harvey, 미국 토크쇼 진행자

기쁜 일, 어려운 일 모두 성공에 꼭 필요한 재료들이다. 기쁜 일만 있을 거라 기대하지 말라. 하나님이 당신을 위해 준비한 것을 위해 다른 사람을 준비시키지 않는 것에 감사하라.

〈Tips〉 Go through 겪다 What you've asked for 당신이 원하던 것

🔅 AI 추천 명언

오늘 경험하는 시련은 내일 필요한 힘을 키우는 과정이다.

The struggles you're in today are developing the strength you need for tomorrow. – Robert Tew *

〈Tips〉 the struggles you are in 지금 겪는 고난 the strength you need 당신이 필요한 힘

성공의 길은 늘 공사 중이다.

The road to success is always under construction. – Lily Tomlin *

〈Tips〉 under construction 공사중

당신이 혼자 걷고 있다면 적어도
믿을 수 있는 누군가와 함께 걷고 있는 것이다.

If you walk by yourself, at least you walk with someone that you can trust. ***

Wayne Dyer, 자기계발 전문가

홀로 걷는 것은 나 자신과 함께 걷는 것이거나 하나님과 함께 걷는 것이다. 내가 믿을 수 있는 가장 든든한 아군과 함께 걷는 것이다.

〈Tips〉 By yourself 혼자 (by는 ~옆에의 뜻)

 **AI 추천 명언**

나쁜 친구와 함께 있느니 친구가 없는 것이 낫다.

No company is better than bad company. – George Washington *

〈Tips〉 no company 친구가 없는 것 bad company 나쁜 친구

가장 강력한 인간관계는 자신과의 관계이다.

The most powerful relationship you will ever have is the relationship with yourself. – Steve Maraboli *

〈Tips〉 relationship with yourself 자신과의 관계

입 다물고 열심히 하라.
당신의 성공이 시끄럽게 자랑해 줄 테니까.

Work hard in silence.
Let your success be your noise. ***

Frank Ocean, 미국 가수

지금 인내의 때를 지나고 있다면 입 다물고 최선을 다하라. 침묵이 길수록 성공도 가까워진다. 성공 후에는 당신이 말하지 않아도 당신보다 훨씬 큰 소리로 말해 줄 사람들이 여기저기 나타나게 되어 있다.

⟨Tips⟩ Let your success be your noise 당신의 성공이 떠들게 하라 Let ~하게 하다

 AI 추천 명언

성공은 가장 좋은 복수다.

Success is the best revenge for anything. – Ed Sheeran *

⟨Tips⟩ revenge 복수

가장 큰 복수는 크게 성공하는 것이다.

The greatest revenge is massive success. – Frank Sinatra *

⟨Tips⟩ massive 엄청난

당신의 연봉을 높여줄 마법의 명언들

모두의 앞에서 빛나기를 원한다면
아무도 없는 곳에서 최선을 다하라.

If you want to shine in front of everybody,
you have to work in front of nobody. **

Jim Ryum, 미국 정치가

인생은 대부분 자기와의 전쟁이다. 얼굴에 빛이 나는 사람이 있다면 보이지 않는 곳에서 고독을 참아낸 위대한 사람임에 틀림없다. 사람들 앞에서 빛나려면 준비는 무대 뒤에서 해야 한다.

〈Tips〉 In front of everybody 모두의 앞에서 In front of nobody 아무도 없는 곳에서

🔆 AI 추천 명언

위대한 것들은 단번에 이뤄지지 않는다. 작은 것들이 하나 하나 모여 이뤄진다.

Great things are not done by impulse, but by a series of small things brought together. – Vincent Van Gogh *

〈Tips〉 by impulse 충동에 의해 by a series of small things 작은 것들에 의해

침묵 속에서 열심히 노력할수록 당신의 성공은 더 크게 들릴 것이다.

The harder you work in silence, the louder your success will be. – Anonymous *

무언가를 걸지 않으면,
모든 것을 걸게 된다.

If you don't risk anything,
you risk everything. *

Erica Jong, 미국 작가

쉬운 길은 대부분 막다른 길로 연결되어 있다. 모든 것을 잃지 않기 위해서가 아니라 경험해 본 적 없는 나를 발견하기 위해 오늘 도전하라.

〈Tips〉 Risk anything 무언가를 걸다 Risk everything 모든 것을 걸다

 **AI 추천 명언**

가장 큰 위험은 위험을 무릅쓰지 않는 것이다.

The biggest risk is not taking any risk. – Mark Zuckerberg *

〈Tips〉 take a risk 리스크를 지다

인생은 과감한 모험이거나 아무것도 아니거나 둘 중에 하나다.

Life is either a daring adventure or nothing at all. – Helen Keller *

〈Tips〉 daring 과감한 adventure 모험

당신의 연봉을 높여줄 마법의 명언들

왕비를 차지해야 왕이 되는 것이 아니다.
왕관을 차지해야 왕이 되는 것이다.

You don't become the king by chasing the queen. You become the king by chasing the crown. **

Gary Vaynerchuk, 미국 기업가

왕관을 차지하는 것은 본질이고 왕비를 차지하는 것은 비본질이다. 본질과 비본질이 뒤죽박죽되면 얻는 것보다 잃는 것이 더 많다. 왕관을 쓰기 전에 왕비를 탐하면 왕관을 쓸 수 없게 된다.

⟨Tips⟩ Chase 좇다

🧠 AI 추천 명언

성공은 행복의 열쇠가 아니다. 행복이 성공의 열쇠다.

Success is not the key to happiness. Happiness is the key to success. – Albert Schweitzer *

⟨Tips⟩ key to happiness 행보의 열쇠 key to success 성공의 열쇠

돈이 아니라 비전을 좇으라. 돈은 따라오게 되어 있다.

Chase the vision, not the money; the money will end up following you. – Tony Hsieh *

⟨Tips⟩ end up ~ing 결국 ~하게 되다

뒤돌아보지 말라.
그쪽으로 갈 거 아니니까.

Don't look back.
You are not going that way. **

Mary Engelbreit, 미국 미술가

백미러를 보고 운전을 하면 사고만 나게 되어 있다. 과거의 모든 일은 우리에게 지혜를 주는 것으로 할 일을 다 했다. 그러므로 뒤돌아보지 말라. 과거를 향해 달려가지 않을 거니까.

〈Tips〉 Look back 뒤돌아보다 That way 그쪽으로

AI 추천 명언

과거는 부도수표고, 내일은 약속어음이고, 오늘만 현찰이다.

Yesterday is a cancelled check; tomorrow is a promissory note; today is the only cash you have. – Anonymous *

〈Tips〉 cancelled check 부도 수표 promissory note 약속 어음 cash 현찰

과거는 하나의 교훈일 뿐 종신형은 아니다.

Let the past be a lesson, not a life sentence. – Anonymous *

〈Tips〉 life sentence 종신형

당신의 연봉을 높여줄 마법의 명언들

필자의 인생을 바꾼 명언

필자의 인생을 바꾼 명언이 있다면 그것은 바로 "Your attitude almost always determines your altitude in life."이다. 미국의 유명한 리더십 전문가인 지그지글러(Zig Ziglar)가 한 유명한 말인데, "태도가 인생의 높이를 결정한다"는 의미다.

영어적으로는 Attitude(태도)라는 단어와 Altitude(높이)라는 단어의 오묘한 조합에 마음이 크게 끌렸으며, 그 의미 또한 당시 이제 막 회사를 설립하고 운영을 시작할 때였는데 마음에 꽂히는 큰 울림을 줬다. 삶의 높이를 결정하는 것은 능력이 아니라 태도라는 말에 설복을 당하고 내 삶에 있어서 태도를 바꿔 나가기로 결심하는 계기가 되었다. 25년이 넘은 지금도 이 말을 액자에 담아 책상 앞에 두고 항상 나의 태도를 점검하는 좌우명으로 삼고 있다.

"Excellence is not a skill but an attitude." 이것도 비슷하게 영향을 준 명언이다. 미국 작가인 Ralph Marston이 한 말인데, "탁월함은 능력이 아니라 태도"라는 뜻이다. 이 역시 직장 생활 또는 회사 경영에서 중요한 것은 능력보다는 태도라는 점을 강조하고 있다.

"Your attitude almost always determines your altitude in life." 지난 25년 동안 나의 마음 속에 늘 함께하면서 난관의 순간에 그리고 좌절의

순간에 나 자신을 돌아보고 스스로를 향상시킬 수 있도록 도와 준 고마운 말이다.

누군가에게는 한 번 듣고 흘려 버릴 말이지만 누군가에게는 평생을 함께하게 되는 말이 있다. 이 책에 나오는 많은 명언 중에서 각각의 독자는 자기 마음에 꽂히는 말을 하나쯤은 발견하리라 믿는다. 그 한마디가 오랫동안 힘이 되고 용기가 되는 말이 되기를 바라 마지않는다.

Chapter 2

Champions and Fears

챔피언 그리고 두려움

챔피언은 두려움의 전문가다. 두려움과 늘 함께 살아야 하는 것이 챔피언이다. 두려움을 갖고 놀 수 있어야 챔피언이 될 수 있다. 패자가 되기로 결심한 사람은 두려움의 이유가 없는 사람들이다. 두려움을 이기고 챔피언이 되고자 하는 이들에게 전하는 글로벌 리더들의 영어 멘토링 한마디.

챔피언은 성공하는 길을
발견하는 사람이다.

Champions find a way to
make it happen. **

Tom Brady, 미국 NFL 쿼터백

남들이 안된다고 할 때 된다고 확신하는 사람이 챔피언이 된다. 된다고 확신하면 실제로 된다. 된다고 확신하고 있는 당신은 이미 챔피언이다.

〈Tips〉 Make it happen 이루다, 성취하다

AI 추천 명언

승리하는 자는 절대 포기하지 않는다. 포기하는 자는 절대 승리하지 못한다.

Winners never quit, and quitters never win. – Vince Lombardi **

〈Tips〉 quitter 포기자

지금 겪을 거 다 겪고 나머지 삶을 챔피언으로 살라.

Suffer now and live the rest of your life as a champion.

– Muhammad Ali *

〈Tips〉 suffer 고통을 겪다

거인은 거울 앞에 설 때
아무것도 보이지 않아야 한다.

The giant looks in the mirror and sees nothing. **

Donda West, 미국 랩퍼 Kanye West의 어머니

겸손함은 챔피언의 특징이다. 나를 위한 챔피언이 아니라 모두를 위한 챔피언이라고 생각한다. 거울 속에서 나를 아무것도 아닌 것으로 볼 때 다른 사람은 나를 거인으로 본다.

〈Tips〉Giant 거인 Look in 안을 들여다 보다

 **AI 추천 명언**

진정한 겸손은 나를 낮춰 생각하는 것이 아니라 나를 덜 생각하는 것이다.

True humility is not thinking less of yourself; it is thinking of yourself less. – C.S. Lewis *

〈Tips〉think less of yourself 낮춰 생각하다 think of yourself less 덜 생각하다

겸손이란 자신의 강점을 부정하는 것에 있지 않고 약점을 인정하는 것에 있다.

Humility is not denying your strengths, it's being honest about your weaknesses. – Rick Warren *

〈Tips〉deny strengths 강점을 부정하다 be honest about weaknesses 약점에 솔직하다

진정으로 원하면 방법을 찾을 것이다.
그렇지 않으면 변명을 찾을 것이다.

If you really want to do something, you'll find a way. If you don't, you'll find an excuse. ***

Jim Rohn, 미국 자기계발 코치

챔피언은 방법을 찾고 패배자는 변명을 찾는다. 진정으로 원하면 안 보이던 것도 보이게 되고 진정으로 원하지 않으면 눈 앞에 있는 것도 보지 못한다.

〈Tips〉 Find a way 방법을 찾다 Find an excuse 변명을 찾다

AI 추천 명언

자신의 꿈을 이뤄 가지 않으면, 다른 사람의 꿈을 만드는 데 고용될 뿐이다.

If you don't build your dream, someone else will hire you to help them build theirs. – Dhirubhai Ambani *

〈Tips〉 build 세우다, 건설하다

나중에 할 것으로 명성을 쌓을 수는 없다.

**You can't build a reputation on what you are going to do.
– Henry Ford ***

〈Tips〉 reputation 명성

당신의 연봉을 높여줄 마법의 명언들

하나님이 우리를 강하게 만들기 원할 때는
먼저 우리를 부순다.

When God wants to make
a man powerful, he always shreds
him into pieces first. *

Charles H. Spurgeon, 영국 목사

파괴의 과정과 재탄생의 과정은 너무나 똑같아서 불안하고 두렵다. 지금 파괴의 과정 속에 있는 것 같다면 재탄생의 과정임을 믿으라.
〈Tips〉 Shred 자르다, 부수다 In pieces 조각조각

AI 추천 명언

우리를 죽이지 못한 것은 우리를 더 강하게 만든다.

That which does not kill us makes us stronger. – Friedrich Nietzsche ***

고난은 평범한 사람에게 비범한 운명을 준비케 한다.

Hardships often prepare ordinary people for an extraordinary destiny. – C.S. Lewis *

〈Tips〉 ordinary 평범한 extraordinary 비범한 destiny 운명

오늘 하루를 거둔 수확으로 평가하지 말고, 뿌린 씨로 평가하라.

Don't judge each day by the harvest you reap but by the seeds you plant. **

Robert Louis Stevenson, 영국 시인

미래에 수확을 거두려면 오늘 씨를 뿌려야 한다. 기왕 뿌리는 거 많이 뿌려라. 정해진 때가 이르면 수확하기 정신없는 풍요를 누리게 될 테니까.

〈Tips〉 By the harvest you reap 거두는 수확으로 By the seeds you plant 심는 씨들로

🔆 AI 추천 명언

성공은 매일 매일 반복되는 작은 노력들이 쌓인 결과다.

Success is the sum of small efforts, repeated day in and day out. – Robert Collier *

〈Tips〉 sum 합계 repeated 반복되는 day in and day out 매일매일

쇠를 달군 다음에 치지 말고, 쳐서 달궈라.

Do not wait to strike till the iron is hot; but make it hot by striking. – William Butler Yeats *

〈Tips〉 strike 치다 make it hot 뜨겁게 만들다

실수는 당신이 무언가를 시도했다는 증거다.

Mistakes are proof that you are trying. *

Jennifer Lim, 동기부여 전문가

실패에서 아무 것도 배우지 못하는 사람이 있지만 실패에서 많은 것을 배우는 사람도 있다. 실패를 장애물이 아니라 디딤돌로 생각하면 그 사람은 날아오르게 된다. 날아오르려 하지 않아도 누군가가 힘차게 밀어 주게 되어 있다.

〈Tips〉 Proof 증거 Try 시도하다

🔅 AI 추천 명언

실수는 장애물이 아니라 디딤돌이다.

**Mistakes are stepping stones not stumbling blocks. – Unknown ** **

〈Tips〉 stepping stone 디딤돌 stumbling block 장애물

중요한 것은 얼마나 깊이 추락하느냐가 아니라 얼마나 높이 튀어 오르는가 이다.

It's not how far you fall, but how high you bounce that counts. – Zig Ziglar *

〈Tips〉 bounce 튀어오르다 count 중요하다 it ~ that counts 중요한 것은 ~다 how far you fall 얼마나 깊이 추락하는지 how high you bounce 얼마나 높이 튀어 오르는지

행운은 준비가 기회를 만날 때 생긴다.

Luck is what happens when preparation meets opportunity. *

Seneca, 로마 철학자

기회는 준비된 자에게 온다. 기회는 혼자 오지 않고 행운을 데리고 온다. 준비하지 않았는데 오는 행운은 행운이 아니라 불행일 수 있다.

〈Tips〉 Preparation meets opportunity 준비가 기회를 만나다

 AI 추천 명언

놓친 기회보다 값비싼 것은 없다.

Nothing is more expensive than a missed opportunity.

– H. Jackson Brown Jr. *

〈Tips〉 expensive 값비싼 miss 놓치다

천재는 1%의 inspiration 영감과 99%의 perspiration 땀으로 이루어진다.

Genius is one percent inspiration and ninety–nine percent

perspiration. – Thomas Edison *

〈Tips〉 inspiration 영감 perspiration 땀

당신의 연봉을 높여줄 마법의 명언들

모든 폭풍이 삶을 어지럽히려고 오는 것은 아니다.
어떤 폭풍은 삶의 길을 정리해 주려고 온다.

Not all storms come to disrupt your life. Some come to clear your path. **

Paulo Coelho, 브라질 작가

어떤 사건은 내가 주저했던 것들을 한방에 정리해 준다. 모든 것을 말끔히 정리해 주고 새 길을 열어 준다. 행운은 불행이라는 가면을 쓰고 나타나기도 하는 것이다.

〈Tips〉Not all 모두가 그런 것은 아니다 Disrupt 어지럽히다 Clear 깨끗하게 하다

AI 추천 명언

가장 어두운 시간도 육십 분에 불과하다.

**The darkest hour has only sixty minutes. – Morris Mandel **

당신을 두렵게 하는 것을 매일 하나씩 하라.

Do one thing every day that scares you. – Eleanor Roosevelt *

〈Tips〉scare 두렵게 만들다

한 마리의 양이 이끄는 백 마리의 사자 무리는 무섭지 않다.
무서운 것은 한 마리의 사자가 이끄는 백 마리의 양떼다.

I'm not afraid of a hundred lions led by a sheep. I'm afraid of a hundred sheep led by a lion. ***

Derek Jeter, 미국 야구 선수

리더가 유능하면 무리도 유능해진다. 똑똑하고 게으른 리더를 최고라고 한다. 최악의 리더는 어리석고 부지런한 리더다.

〈Tips〉 Led by a sheep 한 마리의 양이 이끄는 Led by a lion 한 마리의 사자가 이끄는

AI 추천 명언

살아남는 것은 가장 강한 종도, 가장 똑똑한 종도 아니다. 변화에 가장 잘 적응하는 종이다.

It is not the strongest of the species that survive, nor the most intelligent, but the one most responsive to change. – Charles Darwin *

〈Tips〉 species 종 intelligent 똑똑한 responsive 반응적인 It is ~ that survive 생존하는 것은 ~이다

리더십은 대장 노릇 하는 것이 아니라, 맡겨진 사람들을 잘 돌보는 것이다.

Leadership is not about being in charge. It is about taking care of those in your charge. – Simon Sinek *

〈Tips〉 in charge 우두머리인 those in your charge 당신의 책임하에 있는 사람들

당신의 연봉을 높여줄 마법의 명언들

하나님은 우리의 계획이 우리를 망가뜨릴 것을 알기에 우리의 계획을 망가뜨린다.

God destroys our plans when he sees that our plans are going to destroy us. ***

Mahatma Gandhi, 인도 정치 지도자

계획이 망가지면 거기에는 알지 못하는 이유가 있다. 보지 못했던 것을 발견하면 지혜가 된다. 계획이 망가진다는 것은 인생의 목적이 다른 데 있는 것임을 알게 하기도 한다.

〈Tips〉 Destroy 부수다, 망가뜨리다 See 보다, 알다

 AI 추천 명언

응답받지 못한 기도가 때로 하나님이 주시는 가장 큰 선물이기도 하다.
Sometimes God's greatest gifts are unanswered prayers.
– Garth Brooks *

〈Tips〉 unanswered prayer 응답받지 못한 기도

계획은 인간이 하지만, 결정은 하나님이 하신다.
Man proposes, but God disposes. – Thomas à Kempis *

〈Tips〉 propose 제안하다 dispose 처분하다

실패는 진행 중인 성공이다.

Failure is success in progress. **

Albert Einstein, 미국 물리학자

실패는 성공의 필수 과목이다. 실패 없이 성공했다면 마음의 준비를 단단히 해야 한다.

⟨Tips⟩ In progress 진행 중인

AI 추천 명언

나는 실패한 것이 아니다. 성공하지 못할 10,000가지 방법을 발견한 것뿐이다.

I have not failed. I've just found 10,000 ways that won't work.

– Thomas Edison **

⟨Tips⟩ work 작동하다, 효과가 있다

많은 좌절을 만나겠지만 절대 좌절하지는 말라.

You may encounter many defeats, but you must not be defeated.

– Maya Angelou *

⟨Tips⟩ defeat (명사)좌절 (동사)좌절시키다

실패는 상처일 뿐이지 타투는 아니다.

Failure is a bruise, not a tattoo. **

Jon Sinclair, 미국 리더십 전문가

실패의 상처는 생각보다 금새 아문다. 실패는 타투처럼 평생을 가지고 가야 하는 마음의 상처는 아닌 것이다. 한번 실패한 것뿐이지 실패한 인생이 되는 것은 아니다.

〈Tips〉Bruise 상처 Tattoo 타투

💡 AI 추천 명언

어제는 어젯밤에 끝났다.

Yesterday ended last night. – Zig Ziglar **

실패는 또 다른 시작을 위한 세팅이다.

A setback is a setup for a comeback. – Unknown *

〈Tips〉setback 실패 setup 세팅

실수란 두려움이 행동을 지배하도록
내버려 둘 때 나타나는 결과다.

The error is the result of letting
fear rule your actions. **

Tim Ferriss, 미국 작가

두려움은 이성적인 사고를 방해한다. 도망가게 하거나 싸우게 하거나 비정상적인 행위를 일으킨다. 그런데 두려움은 지나친 기대로부터 온다. 인생 별거 아니다. 기대를 내려놓으면 두려움은 사라진다.

〈Tips〉 Let ~하게 하다 Rule 지배하다

AI 추천 명언

우리는 현실에서보다 상상 속에서 더 많은 고통을 겪는다.

We suffer more often in imagination than in reality. – Seneca *

〈Tips〉 imagination 상상 reality 현실

두려움은 반응이다. 용기는 결심이다.

Fear is a reaction. Courage is a decision. – Winston Churchill *

〈Tips〉 reaction 반응

당신의 연봉을 높여줄 마법의 명언들

강함을 구하는 기도를 조심하라.
전쟁터로 보내실지 모르기 때문이다.

Be careful when you ask God for strength.
He is going to send you to war. **

Greg Laurie, 미국 목사

큰 강함을 구하는 기도는 큰 단련을 구하는 것과 같다. 그래서 전쟁터로 보낼 수밖에 없다. 기도는 혼잣말이 아니다. 기도할 때는 두 사람이 듣고 있음을 기억하라.

〈Tips〉 Ask for ~을 구하다 Send to war 전쟁터로 보내다

 **AI 추천 명언**

성장과 편안함은 공존할 수 없다.

Growth and comfort do not coexist. – Ginni Rometty *

〈Tips〉 comfort 편안함 coexist 공존하다

때로 최고에 이르기 위해 최악을 통과해야 한다.

Sometimes you have to go through the worst to get to the best.
– Unknown *

〈Tips〉 go through 통과하다 get to 도달하다

힘든 시간은 오래가지 않는다.
그러나 끈질긴 사람은 오래간다.

Tough times don't last but tough people do. ***

Robert H. Schuller, 미국 목사

고난에는 반드시 끝이 있다. 어두운 터널을 지나고 있다면 멈추지 말라. 인내의 끝자락에는 성공 아니면 지혜가 기다리고 있다. 둘 중의 하나를 얻기까지 버텨야 한다.

〈Tips〉 Tough times 힘든 시간 Last 오래가다 Touch people 끈질긴 사람들

AI 추천 명언

기억하라, 비행기가 이륙할 때 바람을 타고 오르지 바람과 함께 가지 않는다는 것을.

Remember that the airplane takes off against the wind, not with it. – Henry Ford *

〈Tips〉 against ~에 거슬러 with ~과 함께 take off 이륙하다

시련은 마음을 단련한다. 노동이 육체를 단련하는 것처럼.

Difficulties strengthen the mind, as labor does the body.
– Seneca *

〈Tips〉 strengthen 강하게 하다 does = strengthen

당신의 연봉을 높여줄 마법의 명언들

독수리는 나뭇가지가 부러지는 것을 겁내지 않는다. 그가 믿는 것은 나뭇가지가 아니라 자신의 두 날개이기 때문이다.

An eagle sitting on a tree is never afraid of the branch breaking because its trust is not in the branch but on its own wings. **

Charlie Wardle, 영국 정치인

독수리가 혼자 날 수 있도록 하나님은 둥지를 흔들기도 한다. 혼자 힘으로 날 수 있어야만 나뭇가지에 앉을 수 있는 자격이 주어지기 때문이다.

〈Tips〉 Afraid of the branch breaking 나뭇가지가 부러질 것을 두려워하는 trust 신뢰

🧠 AI 추천 명언

자신감은 늘 옳은 데서 나오는 것이 아니라 틀려도 두려워하지 않는 데서 나온다.

Confidence comes not from always being right but from not fearing to be wrong. – Peter T. Mcintyre **

〈Tips〉 confidence 자신감 fear to be wrong 틀릴 것을 두려워하다

성공은 실패가 없는 상태가 아니라 실패를 겪어도 꺾이지 않는 집요함을 의미한다.

Success is not the absence of failure; it's the persistence through failures. – Aisha Tyler *

〈Tips〉 absence 부재 persistence 집요함

하나님께 물었다. 왜 험한 바다로 데려가시나요.
그가 답했다. 너의 적들은 수영을 하지 못하기 때문이지.

I asked God: Why are you taking me through troubled waters? He replied: For your enemies cannot swim. **

Unknown

내 기도의 응답이 더 큰 고난으로 나타난다면, 그 고난은 특별한 의미가 있는 것이다. 고난 한가운데에는 악마가 깃들 틈이 없다. 구원자에게 매달릴 수밖에 없기 때문이다. 그래서 고난은 축복이다.

〈Tips〉 Troubled waters 거친 바다 For = because

🔆 AI 추천 명언

고난은 원칙의 시험대다. 고난이 없으면 우리는 우리가 정직한지 아닌지를 알 수 없다.

Adversity is the trial of principle. Without it, a man hardly knows whether he is honest or not. – Henry Fielding *

〈Tips〉 trial of principle 원칙의 시험 hardly 거의 ~않다

고난이 그대를 쓰러뜨릴 수는 있다. 그러나 그대가 다시 일어서는 것을 막지는 못한다.

Hard times may have held you down, but they can't stop you from rising up. – Unknown *

〈Tips〉 hard times 고난 hold down 쓰러뜨리다 rise up 일어나다

너는 할 수 없다고 말하는 사람들은
대개 당신이 할까 봐 겁을 먹은 사람들이다.

The people who say you can't are usually those scared that you will. *

Cliff Quicksell, 리더십 전문가

도전 앞에서 선 당신에게 할 수 없다고 말하는 사람들이 없다면 당신의 성공은 그만큼 빛을 발하지 못할 것이다. 너는 할 수 없다는 말을 들으면 그만큼 더 큰 성공이 기다리고 있음에 기뻐하라.

〈Tips〉 Those scared that you will 당신이 할까 봐 겁먹은 사람들

AI 추천 명언

신경 쓰는 사람은 중요한 사람이 아니다. 중요한 사람은 신경 쓰지 않는다.

Those who mind don't matter, and those who matter don't mind.

– Dr. Seuss ***

〈Tips〉 mind 신경쓰다 matter 중요하다

다른 사람들이 떠드는 의견들 때문에 당신의 내적 음성이 묻히지 않게 하라.

Don't let the noise of others' opinions drown out your own inner voice. – Steve Jobs *

〈Tips〉 inner voice 내적 음성

처음에 그들은 비웃을 것이다.
그러다 물을 것이다, 당신이 어떻게 해냈는지를.

First, they laugh.
Then, they ask how you did it. *

Unknown

당신이 무엇을 하건 사람들은 수군댈 것이다. 당신은 그저 입 다물고 할 것을 하면 된다. 당신이 성공을 하면 그 성공이 당신 대신 시끄럽게 떠들어 줄 것이기 때문이다.

〈Tips〉 Ask how you did it 어떻게 해냈는지를 묻다

AI 추천 명언

사람들은 내가 달라졌다고 웃는다. 나는 그들이 예전이나 똑같기에 웃는다.

They laughed at me because I was different. I laughed at them because they were all the same. – Kurt Cobain **

일등이 되기 위해서는 괴짜가 되어야 한다.

You have to be odd to be number one. – Dr. Seuss *

〈Tips〉 odd 홀수, 괴짜인 (이중적 의미)

당신의 연봉을 높여줄 마법의 명언들

언젠가 우리는 돌아보며 말하게 될 것이다 힘들었지만 해냈다고.

One day we gonna look back and say it was hard but we made it. **

Unknown

힘들었지만 해냈다는 말은 누구나 할 수 있는 말이 아니다. 고난의 과정을 묵묵하게 통과한 사람만이 할 수 있는 언어다. 그것은 입으로 하는 언어가 아니다. 정상에 선 자들이 거친 숨을 몰아쉬며 눈으로 하는 언어다.

〈Tips〉 Look back 뒤돌아보다 We made it 결국 해냈다

 AI 추천 명언

먼 훗날 당신은 오늘을 뒤돌아보며 감사하게 될 것이다. 포기하지 않은 것에 대해서.

You will look back on this time and be grateful that you didn't give up. – Unknown **

〈Tips〉 grateful 감사한 give up 포기하다

당신의 가장 큰 약점을 직면하기 전까지 자신의 힘을 깨닫지 못할 것이다.

Sometimes you don't realize your own strength until you come face to face with your greatest weakness. – Susan Gale *

〈Tips〉 come face to face with ~과 직면하다

당신이 할 수 있다고 생각하든 할 수 없다고 생각하든 당신은 옳다.

Whether you think you can or you think you can't, you're right. **

Henry Ford, 미국 자동차 기업가

당신이 이렇게 생각하든 저렇게 생각하든 항상 옳다고 하는 이유는 그 결과에 책임을 져야 하는 것이 당신이기 때문이다.

〈Tips〉 If you say you can 당신이 할 수 있다고 말하면 If you say you can't 당신이 할 수 없다고 말하면

🔆 AI 추천 명언

당신을 가두는 것은 당신 스스로가 만든 벽이다.

You are confined only by the walls you build yourself.

– Andrew Murphy *

〈Tips〉 confine 가두다

할 수 있다 믿기만 해도 반은 이룬 것이다.

Believe you can and you're halfway there. – Theodore Roosevelt *

〈Tips〉 halfway 길의 절반

당신의 연봉을 높여줄 마법의 명언들

사자는 어디를 가기로 마음먹으면,
그 앞에 얼마나 많은 하이에나가 있을지 신경 쓰지 않는다.

When a lion wants to go somewhere,
he doesn't worry about
how many hyenas are in the way. **

Africa 속담

승자는 앞에 나타날 장애물과 도전을 받아들이고 목적지에 도달할 때까지 밀어 부치는 사람들이다. 성공이 쉬울 줄 알았으면 애초에 뛰어들지 않았을 사람들이다.

〈Tips〉 Hyena 하이에나 In the way 길을 방해하는

 **AI 추천 명언**

용감한 자들의 마음 속에는 사자가 잠들어 있다.

A lion sleeps in the heart of every brave man. – Turkish Proverb **

독수리는 파리를 사냥하지 않는다.

The eagle does not hunt flies. – Italian Proverb *

걱정은 흔들의자 같다.
아무리 해도 제자리일 뿐.

Worrying is like a rocking chair.
It gets you nowhere. **

Erma Bombeck, 미국 작가

인생은 늘 선택이다. 도망가든 맞서든 둘 중의 하나를 택해야 한다. 기왕이면 맞서는 선택을 하라. 도망가는 것은 걱정의 제물이 되는 것이다.

〈Tips〉 Rocking chair 흔들의자 Get you nowhere 제자리에 머물다

AI 추천 명언

걱정은 원치 않는 것을 창조하기 위해 상상력을 사용하는 것이다.

Worrying is using your imagination to create something you don't want. – Abraham Hicks *

〈Tips〉 something you don't want 바라지 않는 어떤 것

걱정은 내일의 슬픔을 비우지 못한다. 오늘의 힘만 비울 뿐이다.

Worry does not empty tomorrow of its sorrow. It empties today of its strength. – Corrie ten Boom *

〈Tips〉 empty (A) of (B) (A)에게서 (B)를 비우다

삶이 레몬을 던져 주면, 레모네이드로 만들라.

When life hands you lemons, make lemonade. ***

Elbert Hubbard, 미국 작가

당신이 레몬을 레모네이드를 만들어 나타나면 다들 놀라며 당신에게 몰려와 물어볼 것이다. 어떻게 그렇게 했냐고. 쉽게 가르쳐 주지 말라. 그들의 손에도 레몬이 들려 있을 테니까.

〈Tips〉 Hand 주다

🍈 AI 추천 명언

비관주의자들은 모든 기회에서 어려움을 보고, 낙관주의자들은 모든 어려움에서 기회를 본다.

The pessimist sees difficulty in every opportunity. The optimist sees opportunity in every difficulty. – Winston Churchill *

〈Tips〉 pessimist 비관주의자 optimist 낙관주의자

넘어지면 그것이 춤이 되게 하라.

If you stumble, make it part of the dance. – Unknown *

〈Tips〉 stumble 넘어지다

심호흡 하라. 오늘은 단지 운이 안 좋은 하루일 뿐이다.
운이 안 좋은 인생은 아닌 것이다.

Take a deep breath.
It's just a bad day, not a bad life. *

Johnny Depp, 미국 영화 배우

심호흡은 하나님이 주신 최고의 안정제다. 불안하면 숨 한번 크게 쉬라.
살다 보면 운이 안 좋은 날이 있다. 그렇다고 불운한 인생이 되는 것은
아니다. 운이 안 좋은 날이 많을수록 성공은 그만큼 달콤하다.

〈Tips〉 Take a deep breath 심호흡하다 Bad day 운이 안 좋은 하루 Bad life 운이 안
좋은 인생

🔅💡 AI 추천 명언

모든 날이 좋은 것은 아니다. 하지만 모든 날에 뭔가 좋은 것이 있다.

**Every day may not be good but there's something good in every
day. – Alice Morse Earle** *

〈Tips〉 Every ~ not ~ 반드시 한 것은 아니다

아무리 상황이 안 좋아도 더 안 좋은 상황이 될 수 있다. 그렇게 만드는 것은
바로 당신.

**No matter how bad things are, you can always make things
worse. – Randy Pausch** *

〈Tips〉 make things worse 상황을 악화시키다

공은 바닥을 쳐야 다시 튀어 오른다.

A ball doesn't bounce until it hits the bottom. ***

Unknown

떨어질 때는 힘을 빼고 가만히 침묵하라. 그러면 바닥을 치고 다시 오르게 된다. 고난이 바닥을 칠 때 거기에 누가 있나 잘 보라.
〈Tips〉 Bounce 튀어 오르다 Hit the bottom 바닥을 치다

 AI 추천 명언

때로 하나님은 당신이 바닥을 치게 하신다. 그 바닥에서 반석이신 하나님을 만날 수 있도록.

**Sometimes God lets you hit rock bottom so that you will discover He is the Rock at the bottom. – Tony Evans **
〈Tips〉 rock bottom 최저 바닥 the Rock 반석(하나님을 의미)

승리하려면 한 번 이상 싸워야 한다.

You may have to fight a battle more than once to win it.
– Margaret Thatcher *
〈Tips〉 more than once 한번 이상

하나님은 당신을 쓰러뜨린 사람들 앞에서
당신을 다시 일으키실 것이다.

God will put you back together in front of those who broke you. **

Steve Harvey, 미국 토크쇼 진행자

당신이 다시 일어서면 알게 될 것이다. 당신을 쓰러뜨린 것은 사람들이 아니라 하나님이라는 것을.

〈Tips〉 Put ~ back together 복원시키다

 AI 추천 명언

사람들이 나는 할 수 없다고 했다. 그래서 했다.

They told me I couldn't. That's why I did. – Unknown *

당신을 미워하는 사람들을 승리의 원동력으로 삼으라.

Let your haters be your motivators. – Unknown *

〈Tips〉 hater 미워하는 사람 motivator 동기부여하는 사람

당신의 연봉을 높여줄 마법의 명언들

탈출하는 가장 좋은 방법은 돌파하는 것이다.

The best way out is always through. ***

Robert Frost, 미국 시인

탈출하기 위한 최선의 방법이 나갈 문을 찾는 것이 아니라 막힌 벽을 부수는 것일 때가 있다. 도망갈 거 아니면 돌파하라. 성공하면 기회를 얻는 것이고 실패해도 지혜를 얻을 수 있다.

〈Tips〉 Way out 탈출구 Way through 돌파구

🔆 AI 추천 명언

도전에 한계를 두지 말고, 한계에 도전하라.

Don't limit your challenges. Challenge your limits. – Jerry Dunn *

〈Tips〉 limit 한계를 두다 challenge 도전하다

강물이 바위를 뚫고 가는 것은 힘 때문이 아니라 집요함 때문이다.

The river cuts through rock not because of its power, but because of its persistence. – Unknown *

〈Tips〉 persistence 집요함

준비를 실패하는 것은
실패를 준비하는 것이다.

By failing to prepare,
you are preparing to fail. *

Benjamin Franklin, 미국 정치 위인

능력이 있건 없건 최고의 결과를 얻을 수 있는 비결은 미리 준비하는 것이다. 무대 뒤에서 치열하게 준비한 사람을 이길 수는 없다.

 AI 추천 명언

계획을 실패하는 것은 실패를 계획하는 것이다.

Failing to plan is planning to fail. – Alan Lakein *

바닷가에 서서 바닷물만 쳐다본다고 바다를 건널 수는 없다.

You can't cross the sea merely by standing and staring at the water. – Rabindranath Tagore *

〈Tips〉 cross 건너다 merely 단지 stare at ~을 응시하다

당신의 연봉을 높여줄 마법의 명언들

넘어지는 것은 실수지만,
넘어져 있는 것은 선택이다.

Falling down is an accident.
Staying down is a choice. **

Mary Pickford, 미국 영화배우

몰라서 실수한 것은 인생에 약이 될 수 있다. 알면서 실수하는 것은 인생에 독이 된다.

〈Tips〉 Fall down 넘어지다 Stay down 넘어져 있다 Accident 사고, 의도치 않은 일 Choice 선택

 **AI 추천 명언**

물에 빠졌다고 죽는 것이 아니다 빠진 채로 그대로 있기 때문에 죽는 것이다.

You don't drown by falling in the water; you drown by staying there. – Edwin Elliot **

불사조는 불에 타 없어져야 살아난다.

The phoenix must burn to emerge. – Janet Fitch *

〈Tips〉 emerge 나타나다

힘들 때 멈추지 말고,
끝냈을 때 멈춰라.

Don't stop when you are tired.
Stop when you are done. *

David Goggins, 퇴역 네이비실, 울트라마라톤 선수

끝날 때까지 끝내지 말라. 실패의 가장 확실한 방법은 포기하는 것이다.
성공의 때를 정하지 말라. 조금 늦어도 성공은 성공이다.
⟨Tips⟩ When you are tired 피곤할 때 When you are done 끝냈을 때

 AI 추천 명언

패배했을 때 지는 것이 아니라, 포기했을 때 지는 것이다.
You are not defeated when you lose. You are defeated when
you quit. – Paulo Coelho *
⟨Tips⟩ be defeated 지다 lose 패배하다 quit 포기하다

중요한 것은 싸움 속에 있는 개의 크기가 아니라 개 속에 있는 싸움의 크기다.
It's not the size of the dog in the fight, it's the size of the fight
in the dog. – Mark Twain *
⟨Tips⟩ size of the dog 개의 크기 size of the fight 싸움의 크기

당신의 연봉을 높여줄 마법의 명언들

성공이 최종적인 것도 아니고, 실패가 치명적인 것도 아니다.
중요한 것은 계속하는 용기다.

Success is not final. Failure is not fatal.
It is the courage to continue that counts. **

Winston Churchill, 영국 정치인

성공도 실패도 모두 과정일 뿐이다. 끝이 좋으면 성공이고 끝이 안 좋으면 실패다. 성공해도 끝이 안 좋을 수 있고 실패해도 끝이 좋을 수 있다. 길고 짧은 것은 끝에 가서 대봐야 안다. 그러므로 끝까지 버텨라.
〈Tips〉 Fatal 치명적인 It is ~ that counts 중요한 것은 ~이다

💡 AI 추천 명언

성공은 여정이지 목적지가 아니다.

Success is a journey, not a destination. – Ben Sweetland *

〈Tips〉 journey 여정 destination 목적지

나를 성공으로 평가하지 말라. 얼마나 많이 쓰러지고 다시 일어섰는지로 평가하라.

Do not judge me by my successes, judge me by how many times I fell down and got back up again. – Nelson Mandela *

〈Tips〉 success 성공 fall down 쓰러지다

기다리는 것은 힘들다.
그러나 후회하는 것은 더 힘들다.

It's difficult to wait.
But it's more difficult to regret. **

Unknown

후회는 우주의 질서를 내가 망쳤다는 증거다. 한번은 후회하더라도 다시는 후회하지 않도록 하자. 두 번째 후회부터는 자신의 선택이다.

〈Tips〉 Wait 기다리다 Regret 후회하다

☀ AI 추천 명언

인생의 난제 중의 난제는 건너야 할 다리와 불태워야 할 다리를 구분하는 것이다.

The hardest thing in life is to know which bridge to cross and which to burn. – David Russell *

〈Tips〉 cross 건너다 burn 불태우다

좋은 것들은 기다리는 자의 몫이다. 더 좋은 것들은 쟁취하는 자의 몫이다.

Good things come to those who wait, but better things come to those who go out and get them. – Unknown **

〈Tips〉 get 차지하다

두려움 속에 살기에
꿈을 이루지 못하는 사람이 너무나 많다.

Too many of us are not living our dreams because we are living our fears. **

Les Brown, 미국 리더십 전문가

성경에는 두려움이라는 단어가 365번 나온다고 한다. 매일매일이 두려운 우리다. 그러나 삶의 목적을 깨달으면 담대함이 생긴다. 삶의 목적을 찾으라. 그날이 당신의 두 번째 생일이다.

〈Tips〉 Live dreams 꿈속에 살다 Live fears 두려움 속에 살다

 **AI 추천 명언**

당신의 꿈이 꿈이 되지 않게 하라.

Don't let your dreams be dreams. – Jack Johnson **

〈Tips〉 let ~하게 하다

만일 두렵지 않다면 무엇을 하겠는가?

What would you do if you weren't afraid? – Sheryl Sandberg *

당신은 작년보다 지금 훨씬 더 잘 하고 있다. 당신은 당신과 경쟁하는 것이다.

You are doing better than you were last year. It's you against you. ***

Unknown

다른 사람과 비교하는 것은 불안과 초조를 남기지만 어제의 나와 비교하는 것은 자신감을 낳는다. 나는 나에 대해 관대하기 때문이다.

〈Tips〉It's you against you 당신과 경쟁하는 당신

AI 추천 명언

당신의 경쟁 상대는 어제의 당신이다.

Your only competition is the person you were yesterday.

– Unknown *

〈Tips〉competition 경쟁 the person you were yesterday 어제의 당신

성공은 다른 사람보다 나아지는 것이 아니라. 이전의 당신보다 나아지는 것이다.

Success is not about being better than someone else. It's about being better than you used to be. – Unknown *

〈Tips〉better than you used to be 이전의 당신보다 나은

선생님은 시험 시간 중에
힌트를 주지 않는다.

The teacher doesn't give hints during the test. *

Unknown

인생은 모범답안이 없다. 당신이 쓴 답은 모두 정답이다. 당신이 채점하기 때문이다.

🔆 AI 추천 명언

어떻게 죽을지를 선택할 수는 없다. 어떻게 살지는 선택할 수 있다.

You don't get to choose how you're going to die. You can only decide how you're going to live. – Joan Baez *

도전은 인생을 흥미롭게 만들고, 극복은 인생을 의미 있게 만든다.

Challenges are what makes life interesting and overcoming them is what makes life meaningful. – Joshua J. Marine **

〈Tips〉 what makes life interesting 인생을 흥미롭게 만드는 것 what makes life meaningful 인생을 의미있게 만드는 것

성공의 길과 실패의 길은
거의 동일하다.

The road to success and the road to failure are almost exactly the same. **

Colin R. Davis, 미국 리더십 전문가

성공은 실력이 3이고 운이 7이라고 한다. 그러므로 실패했다고 좌절할 필요도 없고, 성공했다고 교만해서도 안된다. 성공의 길과 실패의 길은 동일하지만 출구만 다를 뿐이다.

〈Tips〉 The road to success 성공으로 향한 길 The road to failure 실패로 향한 길
Almost exactly 거의 정확히

🔦 AI 추천 명언

더 자주 실패해야 더 빨리 성공할 수 있다.

Fail often so you can succeed sooner. – Tom Peters *

실패는 성공이다. 실패에서 배운 게 있다면.

Failure is success if we learn from it. – Malcolm Forbes **

당신의 연봉을 높여줄 마법의 명언들

가격표도 안 보고 쇼핑하고 싶으면, 시계 볼 틈 없이 일하라.

If you want to buy something without looking at the price tag, you have to work without being able to look at the clock. *

Unknown

집에서 일로, 일에서 짐으로, 짐에서 집으로, 이런 단순한 삶이 성공의 비결이다. 힘들었지만 결국 해냈다고 자신을 칭찬하게 될 날이 올 것이다. 단순하지만 깊이 있는 삶이 결국 승리한다.

〈Tips〉 Without looking at the price tag 가격표를 보지 않고 Without being able to look at the clock 시계 볼 틈도 없이

💡 AI 추천 명언

재능이 노력을 이기지 못할 때 노력이 재능을 이긴다.

Hard work beats talent when talent doesn't work hard.

– Tim Notke *

〈Tips〉 hard work 노력 talent 재능

성공은 너무 바빠서 성공을 생각할 여유조차 없는 사람들에게 찾아온다.

Success usually comes to those who are too busy to be looking for it. – Henry David Thoreau *

〈Tips〉 too ~ to ~ 너무 ~해서 ~하지 못하다

하나님 앞에 무릎을 꿇는 사람은
사람 앞에서 무릎을 꿇지 않는다.

The one who kneels before God
stands against anyone. **

Leonard Ravenhill, 미국 목사

하나님 앞에 무릎을 꿇으면 하나님이 내 대신 싸우신다. 하나님을 두려워하면 사람을 두려워하지 않게 되고, 하나님을 두려워하지 않으면 사람을 두려워하게 된다. 가장 두려운 것은 하나님을 잊는 것이다.

〈Tips〉Kneel 무릎 꿇다 Stand against 대항하다

💡 AI 추천 명언

기도는 하나님을 바꾸지 않는다. 기도하는 사람을 바꾼다.

Prayer doesn't change God, but it changes him who prays.

– Soren Kierkegaard **

〈Tips〉change 바꾸다 pray 기도하다

하나님과 함께하면 우주에서 가장 강력한 힘과 함께하는 것이다.

When you stand with God, you stand with the most powerful force in the universe. – Unknown *

〈Tips〉stand with ~와 함께하다

당신의 연봉을 높여줄 마법의 명언들

세상이 당신에게 등을 돌리면,
당신도 세상에게 등을 돌려라.

When the world turns its back on you, you turn your back on the world. *

Scar, 영화 라이온 킹 중에서

세상이 나에게 등을 돌리면 나도 세상에게 등을 돌리면 그만이다. 두려워할 거 없다, 옳은 일을 하고 있다면. 세상이 당신에게 등을 돌리는 이유는 당신이 혼자 있을 필요가 있기 때문이다.

〈Tips〉 Turn its back on you 당신에게 등을 돌리다 Turn your back on the world 세상에게 등을 돌리다

 AI 추천 명언

우리는 환경의 산물이 아니다. 우리의 결정의 산물이다.

You are not a product of your circumstances. You are a product of your decisions. – Stephen R. Covey *

〈Tips〉 product 생산물 circumstance 환경 decision 결정

모든 것은 나와 세상과의 문제가 아니라 나와 내 자신과의 문제다.

It's not me against the world, it's me against myself. – Kanye West *

〈Tips〉 against ~대항해서 me against me 나에 대항하는 나

하나님은 내가 듣지 못한 대화를 들었기 때문에
내 삶에서 사람들을 제거해 주신다.

God removes people from your life because he heard conversations you didn't hear. ***

Darius Daniels, 미국 목사

알 수 없는 이유로 사람이 내 곁을 떠나 버린다면 억지로 잡지 말라. 하나님이 내가 듣지 못한 대화를 들으셨거나 내가 보지 못한 것을 보셨기 때문이다. 사람이 오고 가는 것에 우연은 없다.

⟨Tips⟩ Conversation you didn't hear 당신이 듣지 못한 대화

💡 AI 추천 명언

친구를 용서하는 것보다 적을 용서하는 것이 더 쉽다.

It is easier to forgive an enemy than to forgive a friend.

– William Blake **

배신은 사랑하기 때문에 생긴다.

Betrayal can only happen if you love. – John Le Carre *

⟨Tips⟩ betrayal 배신 love 사랑하다

당신의 연봉을 높여줄 마법의 명언들

인생의 목적을 알면
어떠한 고난도 견딜 수 있다.

He who has a why to live can bear almost any how. ***

Friedrich Nietzsche

고난은 인생의 방향을 깨닫게 한다. 인생의 목적을 알면 고난이 와도 두렵지 않다. 두려운 것은 고난이 아니라 인생의 방향을 잃는 것이다.

〈Tips〉 Why 이유, 목적 How 방법, 여기서는 고난의 뜻 Bear 견디다

 **AI 추천 명언**

자신을 발견하는 가장 좋은 방법은 다른 사람을 섬기는 것에 빠지는 것이다.

The best way to find yourself is to lose yourself in the service of others. – Mahatma Gandhi *

〈Tips〉 find 발견하다 lose 잃다

진정한 전사는 앞에 있는 자들을 미워하기 때문이 아니라 뒤에 있는 사람들을 사랑하기 때문에 싸운다.

The true warrior fights not because they hate what is in front of them but because they love what is behind them. – Dan Millman **

〈Tips〉 in front of ~ 앞에 behind ~뒤에

스트레스와 책임감을 혼동하지 말라.

People often confuse stress with responsibility. *

Robert Anthony, 자기계발 컨설턴트

책임감 때문에 스트레스를 받을 수는 있어도 스트레스 때문에 책임을 회피해서는 안된다. 스트레스는 나 한 사람의 문제이지만 책임은 여러 사람의 문제이기 때문이다.

〈Tips〉 Stress 스트레스 Responsibility 책임

AI 추천 명언

무게 때문에 쓰러지는 것이 아니라 드는 방법 때문에 쓰러진다.

It's not the load that breaks you down; it's the way you carry it.

– Lou Holtz **

〈Tips〉 load 무게 way 방법 carry 들다

오른쪽이 안 되면 왼쪽으로 가라.

When nothing goes right, go left. – Unknown **

〈Tips〉 right 오른쪽, 올바른 left 왼쪽

당신의 연봉을 높여줄 마법의 명언들

죄책감으로 과거를 바꿀 수 없다.
초조함으로 미래를 바꿀 수 없다.

No amount of guilt can change the past.
No amount of anxiety
can change the future. **

Unknown

날아가건 뛰어가건 걸어가건 기어가건, 앞으로 나아가기만 한다면 불안
과 초조함은 사라진다. 당신을 응원하는 것은 과거가 아니라 미래이기
때문이다.

〈Tips〉 No amount of guilt 아무리 많은 죄의식도 ~할 수 없다 No amount of anxiety
아무리 많은 초조함도 ~할 수 없다

💡 AI 추천 명언

과거를 바꿀 수 없지만, 미래에 대한 걱정으로 현재를 망칠 수는 있다.

You can't change the past, but you can ruin the present by
worrying about the future. – Anonymous *

〈Tips〉 ruin 망치다 present 현재

어제는 역사, 내일은 미스터리, 오늘은 gift 선물이다. 그래서 present 선물
이라고 부른다.

Yesterday is history, tomorrow is a mystery, and today is a
gift. That's why it's called the present. – Alice Morse Earle *

〈Tips〉 present 현재, 선물

인내는 한 번의 장거리 경주가 아니다.
단거리 경주의 반복이다.

Perseverance is not a long race.
It is many short races one after another. **

Walter Elliot, 영국 정치인

인내는 끝까지 견디는 힘이다. 한 번에 끝까지 견디나 끊어서 여러 번 견디나 결과는 동일하다. 조금 늦게 도달할 뿐이다.

〈Tips〉 Perseverance 인내 One after another 차례차례

💡 AI 추천 명언

강한 사람이란 감정과 사고 사이의 교신을 끊을 수 있는 사람이다.

**The strong man is the one who is able to intercept at will the communication between the senses and the mind. – Napoleon Bonaparte ** **

〈Tips〉 intercept 낚아채다 sense 감각 mind 생각

성공의 도로에는 포기를 유혹하는 주차 공간이 여기저기 있다.

The road to success is dotted with many tempting parking spaces. – Will Rogers *

〈Tips〉 road to success 성공의 도로 tempting 유혹적인 parking space 주차 공간

당신의 연봉을 높여줄 마법의 명언들

절제의 고통이냐 후회의 고통이냐, 하나를 선택해야 한다.

Everyone must choose one of two pains: the pain of discipline or the pain of regret. **

Jim Rohn, 미국 사업가

절제는 현재의 고통이고 후회는 미래의 고통이다. 오늘 절제하지 않으면 내일 후회하게 된다. 내일 후회하지 않으려면 오늘 절제해야 한다.

〈Tips〉 The pain of discipline 절제의 고통 The pain of regret 후회의 고통

탁월함은 능력이 아니라 태도다.

Excellence is not a skill, it's an attitude. – Ralph Marston *

〈Tips〉 skill 기술 attitude 태도

성장으로 나아가든지 안전으로 후퇴하든지 둘 중의 하나뿐이다.

You will either step forward into growth or you will step back into safety. – Abraham Maslow *

〈Tips〉 step forward 앞으로 내딛다 step back 뒤로 물러나다

날아갈 수 없으면 뛰어가라. 뛰어갈 수 없으면 걸어가라.
걸어갈 수 없으면 기어가라. 어쨌든 앞으로 가라.

If you cannot fly, run. If you cannot run, walk. If you cannot walk, crawl. No matter what you do, keep moving forward. *

Martin Luther King Jr., 미국 종교 지도자

중요한 것은 속도가 아니라 방향이다. 목표가 정해졌으면 속도는 문제가 되지 않는다. 성공은 목적지가 아니라 여정이다. 행복은 목표에 다가가는 과정 자체에 있다

〈Tips〉 Crawl 기어가다 Keep moving forward 앞으로 계속 나아가라

AI 추천 명언

인생은 자전거 타는 것과 같다. 넘어지지 않으려면 계속 달려야 한다.

Life is like riding a bicycle. To keep your balance, you must keep moving. – Albert Einstein *

〈Tips〉 balance 균형 keep moving 계속 움직이다

용기란 버틸 수 있는 힘이 있는 것이 아니라 힘이 없을 때 버티는 것을 의미한다.

Courage is not having the strength to go on; it is going on when you don't have the strength. – Theodore Roosevelt ***

〈Tips〉 go on 계속 가다

당신의 연봉을 높여줄 마법의 명언들

승자는 매일 새로운 실수를 하지만,
패자는 매일 똑같은 실수를 반복한다.

Winners make brand new mistakes every day. Losers make the same old mistakes every day. **

David T. Dellinger, 미국 사회 운동가

새로운 실수는 새로운 시도를 의미한다. 그렇게 가다 보면 성공에 이르게 되어 있다. 매일 새로운 실수를 하는 사람을 잘 관찰하라. 미래의 영웅이 만들어지는 과정일지도 모르니까.

〈Tips〉 Brand new 새로운

💡 AI 추천 명언

어떤 예술가도 처음에는 아마추어였다.

Every artist was first an amateur. – Ralph Waldo Emerson *

〈Tips〉 artist 예술가 amateur 아마추어

나는 천재가 아니다. 엄청난 경험 덩어리일 뿐이다.

I am not a genius. I am just a tremendous bundle of experience.
– R. Buckminster Fuller **

〈Tips〉 genius 천재 experience 경험

당신의 태도가
삶의 높이를 결정한다.

Your attitude almost always determines your altitude in life. ***

Zig Ziglar, 미국 리더십 전문가

행운은 준비가 기회를 만날 때 온다. 준비도 하지 않고 기회도 기다리지 않는 사람에게 행운이 올 리 없다. 긍정적 마인드로 준비하라. 그러면 기회는 반드시 온다. 행운도 반드시 함께 온다.

〈Tips〉 Attitude 태도 Altitude 높이 Determine 결정하다

 AI 추천 명언

성공은 원하는 것을 얻는 것이고, 행복은 얻은 것을 원하는 것이다.

Success is getting what you want. Happiness is wanting what you get. – Dale Carnegie **

〈Tips〉 want 원하다 get 얻다

성공은 태도가 99%, 재능이 1%다.

Success is 99% attitude and 1% aptitude. – Celestine Chua *

〈Tips〉 attitude 태도 aptitude 적성, 재능

당신의 연봉을 높여줄 마법의 명언들

밤늦게까지 일하고 새벽부터 일한 것들은
모두 보상받을 것이다.

One day all those nights and
early mornings will pay off. **

Unknown

다른 사람 앞에서 빛을 발하려면 아무도 없는 곳에서 열심히 노력해야
한다. 성공이 당신의 모든 노력을 시끄럽게 자랑해 줄 때까지.

〈Tips〉 All those nights and early mornings 밤늦게까지 일하고 새벽부터 일한 것 Pay
off 지불하다

🔅 AI 추천 명언

열심히 일하는 것을 대신할 것은 없다.

There is no substitute for hard work. – Thomas Edison *

〈Tips〉 substitute 대체물

노력이 성공을 보장하는 것은 아니다. 그러나 노력 없이 성공할 수는 없다.

**Hard work does not guarantee success, but no success is
possible without hard work. – Anonymous ***

〈Tips〉 guarantee 보장하다 hard work 노력

사람들은 당신이 그들이 생각하는 방식으로
고통을 겪지 않기 때문에 분노한다.

Some people are mad at you because you're not suffering the way they expected you to. *

Steve Maraboli, 미국 리더십 전문가

어떤 사람들은 당신이 다시 일어서기라도 하면 분노하기 시작한다. 당신이 승리할 것임을 알기 때문이다.

〈Tips〉 Mad 미친, 화난 Suffer 어려움을 겪다 The way ~한 방식으로

AI 추천 명언

"어떤 사람들에게 당신의 성공은 위협으로 보일 것이다. 왜냐하면 그것이 그들의 실패를 기억나게 하기 때문이다.

Some people will only see your success as a threat because it reminds them of their own failures. – Anonymous **

〈Tips〉 threat 위협 remind 기억나게 하다

성공은 당신을 좌절시키려 했던 사람들에 대한 가장 통쾌한 복수다.

Your success will be the best revenge for those who tried to bring you down. – Anonymous *

〈Tips〉 revenge 복수 bring down 넘어뜨리다

당신의 연봉을 높여줄 마법의 명언들

추락해야 한다면 추락하리라.
미래의 내가 잡아 줄 거니까.

Let me fall if I must fall.
The one I am becoming will catch me. **

Brianna Wiest, 미국 시인

모든 성공의 일기장에는 반드시 실패의 장이 있다. 지금 넘어지더라도 앞으로 넘어져라.

〈Tips〉 The one I am becoming 미래의 나

 **AI 추천 명언**

앞으로 어떤 사람이 될지는 당신이 그렇게 되기로 결정한 사람이다.

The only person you are destined to become is the person you decide to be. – Ralph Waldo Emerson *

〈Tips〉 destined 예정된 the person you decide to be 되기로 결심한 사람

포기하고 싶을 때 기억하라 왜 시작했는지를.

When you feel like quitting, remember why you started.
– Unknown **

〈Tips〉 feel like ~ing ~하고 싶어하다

꿀벌은 똥파리에게 꿀이 똥보다 얼마나 더 좋은지 설명하려고 시간을 허비하지 않는다.

Bees don't waste time explaining to flies that honey is better than shit. **

Unknown

꿀맛을 알려면 꿀벌이 되어야 한다. 꿀벌이 되기 위해 똥파리들에게 버림받아야 한다면 그것은 축복이다.

〈Tips〉 Waste time 시간을 허비하다 Honey 꿀 Shit 똥

AI 추천 명언

어리석은 자와 논쟁하지 말라. 구경꾼들은 누가 누군지 구별하지 못한다.

**Never argue with a fool, onlookers may not be able to tell the difference. – Mark Twain **

〈Tips〉 onlooker 구경꾼

스스로의 목소리가 되어라. 다른 사람의 메아리가 되지 말고.

Be a voice, not an echo. – Albert Einstein *

〈Tips〉 echo 메아리

당신의 연봉을 높여줄 마법의 명언들

아무도 당신의 인생 스토리에 신경 쓰지 않는다, 당신이 승리하기 전까지.

Nobody will care about your story until you win. **

Gary Vaynerchuk, 미국 기업가

성공하기 전까지 입 다물고 일하라. 샴페인을 미리 터뜨리면 누군가의 표적이 된다. 당신을 할퀴기 위해 조용히 관찰 중인 자들이 있기 때문이다.

〈Tips〉 Care about 신경 쓰다 Story 스토리

AI 추천 명언

성공은 아버지가 여럿이지만 실패는 고아다.

Success has many fathers, but failure is an orphan. – John F. Kennedy *

〈Tips〉 orphan 고아

사람들은 당신의 역경은 기억하지 않는다. 당신의 승리는 잊지 않는다.

People forget your struggles but never forget your victories. – Anonymous *

〈Tips〉 struggle 역경

고독은 더 나은 내 자신을 만들기 시작할 때
치러야 하는 대가다.

Loneliness is the price you pay
when you start to improve yourself. **

Jeanette Coron, 미국 리더십 전문가

고독은 진실의 시간이다. 연약한 나를 만나는 시간이다. 이 진실의 시간
에 구원자를 만나면 더 나은 내 자신이 된다.

〈Tips〉 the price you pay 당신이 치러야 할 대가

 AI 추천 명언

고독은 친구가 없는 상태가 아니라 목적이 없는 상태다.

Loneliness is not lack of company, loneliness is lack of purpose.

– Guillermo Maldonado **

〈Tips〉 lack of company 친구의 결여 lack of purpose 목적의 결여

인생의 가장 큰 비극은 죽음이 아니라 목적 없는 삶이다.

The greatest tragedy in life is not death, but a life without a

purpose. – Myles Munroe ***

〈Tips〉 tragedy 비극 life without a purpose 목적 없는 삶

당신의 연봉을 높여줄 마법의 명언들

믿는 것을 위해 일어서라
홀로 설지라도.

Stand by what you believe in even if you have to stand alone. **

John Quincy Adams, 미국 8대 대통령

믿음은 이뤄질 것을 미리 보는 힘이다. 미래의 빛나는 자기 모습을 본 사람은 결코 포기하지 않는다.

〈Tips〉 Stand by 지키다 Stand alone 홀로 서다

 AI 추천 명언

자신의 진정한 모습으로 미움을 받는 것이 자신의 거짓된 모습으로 사랑을 받는 것보다 낫다.

It is better to be hated for what you are than to be loved for what you are not. – André Gide *

〈Tips〉 what you are 당신의 진정한 모습 what you are not 당신의 거짓된 모습

양심의 문제에 있어서는 다수의 법칙이 통하지 않는다.

In matters of conscience, the law of the majority has no place. – Mahatma Gandhi *

〈Tips〉 conscience 양심 majority 다수

미래의 당신이 지금의 당신을 보고 있다,
기억을 통해.

Your future self is watching you through your memories. **

Osho, 인도 철학자

미래의 나는 지금의 나를 기억하고 있다. 그 기억 속에서 마지막은 해피 엔딩임을 믿어야 한다. 기억되지 못할 의미 없는 시간들을 박차고 미래 로 나아가라.

〈Tips〉Future self 미래의 자신 Through your memories 기억을 통해

 AI 추천 명언

우리는 우리의 선택의 합이다.

We are a sum of our choices. – Jean–Paul Sartre *

〈Tips〉sum 합계 choice 선택

우리는 사물을 있는 그대로 보지 않고 우리가 원하는 대로 본다.

We do not see things as they are; we see them as we are.
– Anaïs Nin ***

〈Tips〉as they are 사물의 있는 그대로 as we are 우리의 있는 그대로

들소는 자신의 뿔의
무게를 느끼지 못한다.

A buffalo does not feel the weight
of his own horns. **

Africa 속담

인내도 내 삶의 일부가 되면 무게를 느끼지 못한다. 인내함을 잊는 것이
가장 좋은 인내다. 인내를 내 삶의 일부가 되게 하라. 버팔로의 뿔처럼
가장 좋은 무기가 될 테니까.

〈Tips〉 Buffalo 들소 Feel the weight 무게를 느끼다 Horns 뿔

AI 추천 명언

얼마나 힘든지는 잊고 얼마나 원하는지에 집중하라.

Forget how hard it is. Just focus on how much you want it.

– Anonymous *

〈Tips〉 how hard 얼마나 힘든지 how much 얼마나 많이

꿈을 위한 노력은 성취의 기쁨에 비하면 아무것도 아니다.

**The effort you put into your dreams should be invisible
compared to the joy of achieving them. – Anonymous ***

〈Tips〉 invisible 보이지 않는

성공은 개인적으로 안아 주고,
실패는 공개적으로 뺨을 친다.

Success hugs you in private and failure slaps you in public. **

William G. Bonner, 미국 리더십 전문가

당신이 성공을 한다면 의외로 축하해 주는 사람이 많지 않음을 알게 될 것이다. 실패한다면 의외로 기뻐하는 사람이 많음을 알게 될 것이다. 성공하든 실패하든 입을 다물라. 성공이 대신 말해 줄 것이고, 실패가 대신 맞아 줄 것이다.

〈Tips〉 Hug 안다 In private 개인적으로, 사적으로 Slap 뺨을 치다 In public 공개적으로

성공은 sweet 달콤하다. 그 비결은 sweat 땀이다.

Success is sweet, but its secret is sweat. – Anonymous *

성공은 부드럽게 속삭이고, 실패는 큰소리로 외친다.

Success whispers softly, while failure shouts loudly.

– Anonymous *

당신의 연봉을 높여줄 마법의 명언들

지옥을 통과하고 있다면,
멈추지 말라.

If you are going through hell,
keep going. **

Winston Churchill, 영국 정치가

고통의 시간을 지나고 있다면 멈추지 말라. 고통은 끝나게 되어 있다. 당신의 인내심이 고통의 시간보다 더 질기기 때문이다.

〈Tips〉 Go through hell 지옥을 통과해 가다 Keep going 계속 진행하다

 **AI 추천 명언**

고난은 인격을 만드는 것이 아니라 인격을 드러낸다.

Adversity does not build character, it reveals it. – James Lane Allen *

〈Tips〉 adversity 고난 character 인격

이길 각오 없이 전쟁에 뛰어드는 것은 치명적이다.

It is fatal to enter any war without the will to win it. – Douglas MacArthur *

〈Tips〉 fatal 치명적인 will 의지력

당신이 부숴진 날이
당신이 만들어진 날이다.

The days that break you are the days that make you. *

Robert Tew, 미국 동기부여 전문가

다시 만들기 위해서는 먼저 부숴야 한다. 파괴는 재탄생의 과정이기도 하다. 부숴지는 그날을 잘 기억하라. 새 인생이 시작되는 날이니까.

 **AI 추천 명언**

실패하라 일찌감치. 실패하라 자주. 실패하라 전향적으로.

Fail early, fail often, but always fail forward. – John C. Maxwell *

〈Tips〉 forward 앞으로

용기는 고난 속의 우아함이다.

Courage is grace under pressure. – Ernest Hemingway **

〈Tips〉 grace 우아함 pressure 압력

당신의 연봉을 높여줄 마법의 명언들

끝은 다 괜찮을 것이다.
괜찮지 않으면 끝이 아니다.

Everything will be okey in the end.
If it's not okey, it's not the end. *

John Lennon, 비틀즈 멤버

성공은 완벽주의자가 이룬다. 다른 사람들이 포기한 마지막 도전이 성공의 문을 여는 열쇠이기 때문이다.

〈Tips〉 In the end 끝에 Not okey 괜찮지 않은

AI 추천 명언

완벽은 이룰 수 없다. 그러나 완벽을 추구하다 보면 탁월함에 이를 수 있다.

Perfection is not attainable, but if we chase perfection we can catch excellence. – Vince Lombardi *

〈Tips〉 perfection 완전함 attainable 얻을 수 있는 chase 추구하다

해 보기 전까지는 늘 불가능해 보인다.

It always seems impossible until it's done. – Nelson Mandela *

필자가 뽑은 "최고의 명언 Top 10"

　필자에게는 이 책에 실린 명언들 하나 하나가 빛나는 보석 같은 것들이라서 우열을 가리기가 너무나 어렵다. 그럼에도 불구하고 굳이 그중에서 Top 10을 뽑으라고 한다면 아래와 같다. 그 기준은 우뇌적 상상력을 가지고 있는가, 라임이 생생한가, 내용면에서 깊이가 있는가, 이 세 가지다.

#1　　"If you have to swallow a frog, don't stare it too long." - Mark Twain
　　　(개구리를 삼켜야만 한다면, 너무 오래 쳐다보지 말라.)

#2　　"The giant looks in the mirror and sees nothing." - Donda West
　　　(거인은 거울 앞에 설 때 아무 것도 보이지 않아야 한다.)

#3　　"A winner is a loser who tried one more time." - George M. Moore Jr.
　　　(승자는 한 번 더 도전해 본 패자다.)

#4　　"To get what you never had, you have to do something you never did." - Denzel Washington
　　　(가져 본 적 없던 것을 갖고 싶으면, 해 본 적 없던 것을 해야 한다.)

#5   "The magic you are looking for is in the work you are avoiding." - Dipen Parmar

(당신이 찾고 있는 기적은 당신이 회피하고 있는 곳에 있다.)

#6   "The more I learn about people, the more I like my dog." - Mark Twain

(사람들에 대해 알아 가면 갈수록 개가 더 좋아진다.)

#7   "Be careful who you trust. Salt and sugar look the same." - Unknown T

(누구를 믿을지 주의하라. 소금과 설탕은 똑같이 보이기 때문이다.)

#8   "Resentment is like drinking poison and hoping it will kill your enemies." - Nelson Mandela

(분노는 내가 독약을 마시고 적이 죽기를 바라는 것과 같다.)

#9   "Everyone dies but not everyone lives." - William Wallace

(모두는 죽는다. 그러나 모두가 살아 있는 것은 아니다.)

#10   "Forgiveness is the fragrance that the violet sheds on the heel that has crushed it." - Mark Twain

(용서란 제비꽃이 자기를 짓밟은 구둣발 밑에서 내는 향기 같은 것)

Chapter 3

Friends and Enemies

친구 그리고 적

인생의 여정에서 만나는 사람들이 우리의 삶을 결정한다. 친구가 적이 되고 적이 친구가 되는 것이 삶이다. 친구를 어떻게 봐야 하고 적을 어떻게 봐야 하나. 그 해석을 어떻게 하느냐에 따라 인생의 깊이가 달라진다. 인간에 대한 놀라운 경험을 이제 막 사회생활을 시작한 청춘들에게 들려주는 글로벌 리더들의 영어 멘토링 한마디.

누구를 믿을지 주의하라.
소금과 설탕은 똑같이 보이기 때문이다.

Be careful who you trust.
Salt and sugar look the same. ***

Unknown T, 미국 래퍼

친구인 척하는 자가 가장 큰 적이다. 마음을 무장해제시키기 때문이다. 자세히 보면 소금과 설탕을 구분할 수 있다. 사람도 마찬가지다.

〈Tips〉 Who you trust 누구를 믿을지 Salt and sugar 소금과 설탕

💡 AI 추천 명언

믿어라 그러나 검증하라.

Trust, but verify. – Ronald Reagan *

〈Tips〉 trust 신뢰하다 verify 검증하다

꿀은 식초보다 파리가 더 꼬인다.

Honey catches more flies than vinegar. – Benjamin Franklin *

〈Tips〉 honey 꿀 vinegar 식초

당신이 사자를 잡아먹지 않는다고 사자도 당신을 잡아먹지 않을 것이라 생각지 말라.

Don't expect the lion not to eat you because you don't eat him. ***

David Mamet, 미국 극작가

비둘기처럼 온순하되 뱀처럼 지혜로워야 한다. 그래야 너도 살고 나도 사는 윈윈의 삶을 살 수 있다.

〈Tips〉 Eat you 당신을 잡아먹다 Eat him 사자를 잡아먹다

AI 추천 명언

호랑이 입 속에 당신의 머리가 들어가 있을 때 호랑이와 타협할 수 있나.

You cannot negotiate with a tiger when your head is in its mouth. – Winston Churchill *

〈Tips〉 negotiate 협상하다

양들은 평생 늑대를 두려워하며 살지만 결국 양치기에게 잡아먹힌다.

The sheep spends its whole life fearing the wolf, only to be eaten by the shepherd. – Unknown *

〈Tips〉 shepherd 목동

나와 싸운다고 모두가 적은 아니며,
나를 돕는다고 모두가 친구는 아니다.

Everybody that you fight is not an enemy and everybody that helps you is not a friend. **

Mike Tyson, 헤비급 세계 챔피언

적은 오히려 솔직하다. 배신하는 것은 가짜 친구다. 친구이기 때문에 믿고, 적이기 때문에 미워해야 하는 것은 아니다. 치열함 속에 인간의 본색은 결국 드러나게 되어 있다. 적이 친구가 되고 친구가 적이 되는 것은 바로 이때다.

〈Tips〉 Everybody that you fight 당신이 싸우는 모두 Everybody that helps you 당신을 돕는 모두

AI 추천 명언

적을 선택하는 데 아무리 신중해도 지나치지 않다.

A man cannot be too careful in the choice of his enemies.

– Oscar Wilde **

아첨꾼들을 조심하라. 그들은 당신에게 빈 숟가락으로 밥을 먹이는 자들이다.

Beware of the flatterer: he feeds you with an empty spoon.

– English Proverb *

〈Tips〉 flatter 아첨꾼

당신의 연봉을 높여줄 마법의 명언들

영웅이 넘어지면, 겁쟁이들은 즐거워한다.

When a hero stumbles, cowards rejoice. *

Aristotle, 그리스 철학자

영웅은 외롭다. 겁쟁이들이 은밀하게 그의 실패를 바라고 있기 때문이다. 영웅은 넘어졌을 때 신발끈을 고쳐 매고 다시 일어나야 한다. 그런 겁쟁이들을 구하기 위해.

⟨Tips⟩ Stumble 넘어지다 Rejoice 즐거워하다

🔆 AI 추천 명언

우리가 높이 날수록 날지 못하는 사람들에게는 더 작게 보인다.

The higher we soar, the smaller we appear to those who cannot fly. – Friedrich Nietzsche *

⟨Tips⟩ soar 날아오르다

질투는 평범이 천재에게 바치는 찬사다.

Jealousy is the tribute mediocrity pays to genius. – Fulton J. Sheen *

⟨Tips⟩ jealousy 질투 tribute 찬사 mediocrity 평범 genius 천재

공격하는 적은 두려워할 필요가 없다.
허그하는 가짜 친구를 두려워해야 한다.

Don't fear the enemy that attacks you.
Fear the fake friends that hug you. **

Arab 속담

가짜 친구는 적의 또 다른 이름이다. 더 잔인한 적이 되기도 한다. 가짜 친구인지 아닌지 알려면 아무것도 주지 말아 보면 된다. 얻는 게 사라졌을 때 떠나는 자는 가짜 친구다.

〈Tips〉 Enemy that attacks you 공격하는 적 Fake friends that hug you 허그하는 가짜 친구 (fake 가짜)

AI 추천 명언

적의 적은 친구다. 그러나 친구의 적은 적이다.

The enemy of my enemy is my friend, but my friend's enemy is my enemy. – Unknown *

모두를 사랑하라, 몇 명만 믿어라, 아무에게도 잘못을 행하지 말라.

Love all, trust a few, do wrong to none. – William Shakespeare **

당신의 개가 당신에게 짖기 시작했다면,
다른 누군가가 먹이를 주고 있다는 뜻이다.

If your dog starts barking at you,
someone else is feeding it. **

Denzel Washington, 미국 영화배우

얻는 이득이 없어지면 충성심도 없어진다. 나에 대한 충성심이 변하기 시작했다면 다른 누군가 더 많은 것을 주고 있다는 뜻이다. 충성심을 계속 받기 원한다면 끊임없이 베풀어야 한다. 그것이 돈이든 사랑이든.

〈Tips〉 Bark 짖다 Feed 먹이를 주다

🔅💡 AI 추천 명언

거짓의 시대에 진실을 말하는 것은 혁명적 행위다.

In times of deceit, telling the truth becomes a revolutionary act. – George Orwell **

〈Tips〉 deceit 거짓 truth 진실

사람들을 속이는 것보다 그들이 속았음을 받아들이게 하는 것이 훨씬 어렵다.

It is easier to fool people than to convince them that they have been fooled. – Mark Twain *

〈Tips〉 fool 속이다 convince 믿게 하다 *

누군가 '너는 할 수 없어'라고 말한다면,
그것은 당신의 한계가 아니라
그들의 한계를 나타내는 것뿐이다.

If someone tells you, 'You can't', they are showing you their limits, not yours. *

Unknown

'너는 할 수 없어'라는 말은 '지금 시작하라'는 충고다. 당신의 한계를 정할 수 있는 사람은 오직 당신뿐이다.

〈Tips〉 Show their limits 그들 자신의 한계를 보이다 Not yours = not your limits

 AI 추천 명언

사람들이 당신의 말은 의심할지는 몰라도 당신의 행위는 믿는다.

People may doubt what you say, but they will believe what you do. – Lewis Cass **

〈Tips〉 what you say 말하는 것 what you do 행하는 것

다른 사람들의 의견이 당신 속에 있는 내적 음성을 익사시키지 않도록 하라.

Don't let the noise of others' opinions drown out your own inner voice. – Steve Jobs *

〈Tips〉 noise 소음 inner voice 내적 음성

당신의 연봉을 높여줄 마법의 명언들

친구인 척하는 자들이
최악의 적이다.

The worst enemies are those who
pretend to be your friends. *

Unknown

사람을 믿지 말라. 기대하지 말라. 속았다고 원망하지 말라. 속인 자가
나쁜 것이 아니라 속은 자가 어리석은 것이다.

〈Tips〉 The worst enemies 최악의 적들 Pretend to be your friends 친구인 척하다

 **AI 추천 명언**

친구라고 말하는 것에는 빠르고, 친구임을 보여 주는 것에는 느린 자를 경
계하라.

**Beware of those who are quick to say they are your friend but
slow to show it. – Unknown ***

세상의 모든 사람들이 떠날 때 오히려 찾아오는 친구가 진짜 친구다.

**A real friend is one who walks in when the rest of the world
walks out. – Walter Winchell ***

비즈니스에 기반한 우정이
우정에 기반한 비즈니스보다 낫다.

A friendship founded on business is better
than a business founded on friendship. **

John D. Rockefeller, 미국 기업가

사람은 배신하지 않아도 돈은 배신한다. 돈이 배신하면 사람은 따라가게 된다. 그래서 돈이 신뢰를 깨뜨린다. 친구와 절대 동업하지 말라.
〈Tips〉 Found 기반하다 Founded on business 비즈니스에 기반한 Founded on friendship 우정에 기반한

🔆 AI 추천 명언

끝난 우정은 전혀 시작되지 않은 우정이다.
A friendship that ends has never really begun. – Publilius Syrus **

우정은 달콤한 책임감이다. 결코 기회가 아니다.
Friendship is always a sweet responsibility, never an opportunity.
– Kahlil Gibran **

당신의 연봉을 높여줄 마법의 명언들

당신의 신발을 신어 보지 않은 사람이
신발 끈 묶는 법을 가르치게 하지 말라.

Don't let anyone who hasn't been in your shoes tell you how to tie your shoelaces. *

Brene Brown, 미국 대학교수

공감은 마음의 문을 열어 주는 열쇠와 같다. 공감은 사람의 마음을 열어 주기도 하고 입을 닫아 주기도 한다. 공감할 수 없으면 침묵하라. 공감을 얻지 못하는 충고는 쓸데없는 잔소리에 불과하다.

〈Tips〉 In one's shoes 그 사람의 처지에 있는 Tie shoelaces 신발끈을 묶다 Let 하게 하다

 AI 추천 명언

경험처럼 좋은 선생은 없지만 수업료는 비싸다.

Experience is the best teacher, but the tuition is high.

– Unknown *

〈Tips〉 tuition 수업료

자신을 신뢰하라. 당신이 생각하는 것보다 당신 자신은 더 많은 것을 알고 있다.

Trust yourself. You know more than you think you do.

– Benjamin Spock *

당신의 친구들은 당신이 잘되기를 바라겠지만,
자기들보다 더 잘되기를 바라지는 않는다.

Your friends want you to do good,
but not better than them. **

Frank A. Clark, 미국 정치인

친구에게 교만 시기 질투의 대상이 되었다면 마음으로 우정의 이별을 준비하라. 티를 낼 필요는 없다. 친구가 아니더라도 친하게 지내면 되기에.
〈Tips〉 Want you to be good 당신이 잘되기를 바라다 Not better than them 그들보다 더 잘되는 것은 아니다

💡 AI 추천 명언

친구는 하나님이 주지 않은 형제다.

Friends are the siblings God never gave us. – Mencius *

〈Tips〉 sibling 형제 자매

우리는 적의 말을 기억하는 것이 아니라 친구의 침묵을 기억하게 된다.

**In the end, we will remember not the words of our enemies,
but the silence of our friends. – Martin Luther King Jr. ***

당신의 연봉을 높여줄 마법의 명언들

내가 사람을 믿지 않는 두 가지 이유
- 그들을 몰라서 또는 너무 잘 알아서.

There are two reasons I don't trust people: I don't know them or I know them too well. **

Unknown

모르는 사람의 꾀에 넘어갈 확률보다 아는 사람의 꾀에 넘어갈 확률이 훨씬 높다. 하지만 너무 실망할 필요는 없다. 마음에 상처를 받으면 새로운 눈이 열리기 때문이다. 사람들에 대해서, 그리고 나 자신에 대해서.

〈Tips〉 Trust 믿다 Don't know 모르다 Know too well 너무 잘 알다

💡 AI 추천 명언

친구를 용서하는 것이 적을 용서하는 것보다 어렵다.

It's easier to forgive an enemy than to forgive a friend.

**– William Blake **

신뢰를 받는 것은 사랑을 받는 것보다 훨씬 기쁜 일이다.

To be trusted is a greater compliment than being loved.

**– George MacDonald **

사람이 변하는 두 가지 이유
- 깨달은 것이 많거나 많이 당했거나.

People usually change for two reasons: either they've learned a lot or they've been hurt a lot. *

James Baldwin, 미국 작가

기본적으로 인간은 안 변한다. 가장 좋은 증거가 우리 자신이다. 그러나 절대 진리를 깨닫거나 사람들에게 호되게 당하면 바뀌기도 한다. 그래서 나를 괴롭히는 사람은 나를 바뀌게 하려고 존재하기도 한다.

〈Tips〉 Learn 배우다 Hurt 상처를 주다

AI 추천 명언

우리는 상황을 바꿀 수 없을 때 우리 자신을 바꾸도록 도전을 받는다.

When we are no longer able to change a situation, we are challenged to change ourselves. – Victor Frankl *

결국 모든 사람이 당신에게 상처를 줄 것이다. 그중에서 참을 만한 가치가 있는 사람을 찾아라.

The truth is, everyone is going to hurt you. You just got to find the ones worth suffering for. – Bob Marley ***

당신의 연봉을 높여줄 마법의 명언들

당신은 당신을 화나게 하는 사람에게
조종당한다.

You are controlled by the one
who makes you angry. **

Eckhart Tolle, 자기계발 지도자

감정을 상하게 하는 것은 심각한 문제다. 머리로는 잊을 수 있어도 가슴으로는 잊혀지지 않기 때문이다.

〈Tips〉 Control 조종하다 Make angry 화나게 하다

화는 일시적인 정신병이다.

Anger is a temporary madness. – Unknown ***

용서할 능력이 없으면 사랑할 능력도 없다.

The man who is devoid of the power to forgive is devoid of the power to love. – Johann Wolfgang von Goethe **

〈Tips〉 Devoid ~이 없는

다른 사람과 자신을 비교하는 것은
자신을 모욕하는 것이다.

Comparing yourself
with anyone in the world
is insulting yourself. ***

Bill Gates, 마이크로소프트 창업자

비교 의식은 열등감과 피해의식을 불어넣는다. 남 좋은 일만 하는 것이다. 나는 내 자신을 존중하며 보호해야 할 책임을 갖고 있다. 다른 사람과의 비교는 내 자신을 모욕하는 행위다.

〈Tips〉 Compare 비교하다 Insult 모욕하다

💡 AI 추천 명언

다른 사람의 삶을 살기에는 인생이 너무 짧다.

Time is much too short to be living someone else's life. – Kobe Bryant *

너무나 많은 사람들이 자기 자신이 아닌 것을 과대평가하고 자기 자신인 것을 과소평가한다.

Too many people overvalue what they are not and undervalue what they are. – Malcolm S. Forbes *

〈Tips〉 overvalue 과대평가하다 undervalue 과소평가하다

당신의 연봉을 높여줄 마법의 명언들

당신이 어려울 때 전화기가 울리지 않았다면,
당신이 성공할 때는 울려도 받지 말라.

If your phone doesn't ring when you're struggling, don't pick up when you're winning. *

Warren Buffett, 미국 투자가

어려울 때는 모두 외면한다. 고난의 사건은 사람들의 본색을 깨닫게 한다. 믿어야 할 것은 구원자밖에 없음을 깨닫는 좋은 기회다.

〈Tips〉 Ring 벨이 울리다 Struggle 고군분투하다 Pick up 전화를 받다

AI 추천 명언

배신은 인격 테스트다. 성공은 그 테스트에 합격한 당신에게 주어지는 보상이다.

Betrayal is a test of your character. Success is the reward for passing that test. – Unknown **

〈Tips〉 betrayal 배신 character 인격

복수를 하러 가기 전에 무덤을 두 개 파라.

Before you embark on a journey of revenge, dig two graves. – Confucius **

〈Tips〉 revenge 복수 grave 무덤

등에 꽂힌 칼이 아픈 것이 아니라,
칼을 들고 있는 사람이 누군지 알게 될 때 아프다.

It's not the stab in the back that hurts.
It's when you turn around and
see who's holding the knife. ***

Warren Buffet, 미국 투자가

칼이 아니라 바늘이라도 등 뒤에서 꽂으면 아프다. 특히 말이 그렇다. 뒤에서 험담을 하는 것이 누군지 알게 되면 큰 마음의 상처로 남는다. 나부터 누구의 뒤에서 험담을 하고 있는 것은 아닌지 돌아보자.

〈Tips〉 The stab in the back 등에 꽂힌 칼 See who's holding the know 누가 칼을 들고 있는지 알게 되다

🔆 AI 추천 명언

약한 자는 용서할 능력이 없다. 용서는 강한 자의 특성이다.

The weak can never forgive. Forgiveness is the attribute of the strong. – Mahatma Gandhi *

용서란 죄인을 풀어주었는데 그 죄인이 바로 나라는 것을 알게 되는 것이다.

To forgive is to set a prisoner free and discover that the prisoner was you. – Lewis B. Smedes **

〈Tips〉 set free 놓아주다 prisoner 죄인

당신의 연봉을 높여줄 마법의 명언들

뒤에서 험담하는 인간이라면 신경 쓰지 말라. 앞에서 지껄이지
못하는 인간이라면 뒤에 있을 수밖에 없기 때문이다.

I don't care who talks bad behind my back. If they can't say it to my face, they will stay where they are: Behind me. **

Unknown

당신 뒤에서 험담하는 자들은 항상 당신 뒤에 있을 수밖에 없는 자들이
다. 성공하는 사람은 풍성한 나무가 되어 나를 헐뜯던 사람들이 찾아오
게 하는 사람이다.

〈Tips〉 Talk bad behind my back 내 뒤에서 험담하다 To my face 내 면전에서
Behind me 내 뒤에

당신을 끌어내리려는 사람이 있다면 그들은 이미 당신 밑에 있는 사람이다.

**If someone is trying to bring you down, they are already below
you. – Unknown ***

〈Tips〉 bring down 끌어내리다

당신을 싫어하는 사람들은 당신의 가장 큰 팬이다. 그들이 단지 그것을 인
정하지 않을 뿐.

**Your haters are your biggest fans, they just don't want to admit
it. – Unknown ****

〈Tips〉 hater 미워하는 사람 fan 팬

사람들은 당신이 무엇을 말했는지,
무엇을 했는지 다 잊을 것이다.
그러나 어떻게 느끼게 했는지는 결코 잊지 않을 것이다.

People will forget what you said.
People will forget what you did.
But people will never forget
how you made them feel. **

Maya Angelou, 미국 사회 운동가 · 시인

기본적으로 인간은 다른 사람에 대해 큰 관심을 갖지 않는다. 그러나 감정을 상하면 문제가 달라진다. 마음의 상처는 육체의 상처보다 훨씬 오래가기 때문이다.

〈Tips〉 How you made them feel 당신이 어떻게 느끼게 했는지

🔆 AI 추천 명언

대화에서 가장 중요한 것은 말하지 않는 것을 듣는 것이다.

The most important thing in communication is hearing what isn't said. – Peter Drucker **

당신이 하는 행동이 너무 크게 말해서 당신이 하는 말을 들을 수가 없다.

What you do speaks so loudly that I cannot hear what you say. – Ralph Waldo Emerson ***

〈Tips〉 what you do 행동 what you say 말

당신의 연봉을 높여줄 마법의 명언들

사람들에게 모든 것을 말하려 하지 말라.
대부분은 신경 쓰지도 않으며,
어떤 사람은 당신이 실패하기를 은밀히 바라기 때문이다.

Stop telling people everything. Most people don't care, and some secretly want you to fail. *

Unknown

인간은 이기적이라서 다른 사람을 크게 신경 쓰지 않는다. 하지만 남이 나보다 더 잘되는 것을 보지 못하는 것 또한 인간이다. 성공의 기쁨이 온전하게 되려면 사람의 말에 휘둘리지 않는 내적 충만이 있어야 한다.
〈Tips〉 Don't care 신경 쓰지 않다 Secretly want you to fail 은밀하게 당신이 실패하기를 바라다

💡 AI 추천 명언

자신을 드러내지 않을수록 더 많은 힘을 갖게 된다.

The less you reveal, the more power you hold. – Socrates *

〈Tips〉 reveal 드러내다 hold 갖다

말을 덜 할수록 기도가 더 좋아진다.

The fewer the words, the better the prayer. – Martin Luther *

같은 무리 안에 있지만
같은 편에 서지 않는 사람을 조심하라.

Beware of people who are in your circles but not in your corner. **

Unknown

같은 무리에 속해 있다고 모두 같은 편은 아니다. 아군인 줄 알고 내 뒤를 보이면 총알을 피할 방법이 없다. 같은 무리에 있으나 내 편이 아닌 사람이 있는지 경계하라.

〈Tips〉 Beware of ~을 조심하다 Circle 무리, 집단 Corner 구석

🟡 AI 추천 명언

누구를 믿을지 조심하라. 악마도 한때는 천사였다.

Be careful who you trust; the devil was once an angel.

– Unknown *

〈Tips〉 devil 악마 angel 천사

진정한 친구는 당신 편에 설 뿐 아니라 당신의 옆에 선다.

True friends don't just stand in your circle; they stand with you in your corner. – Unknown *

〈Tips〉 circle 무리, 집단 corner 구석

당신의 연봉을 높여줄 마법의 명언들

가장 안 좋은 순간에 가장 좋은 것은
사람의 본색을 알게 된다는 것이다.

The best thing about the worst time of your life is that you get to see the true colors of everyone. **

Harvey Mackay, 미국 작가

인간관계의 갈등이 오더라도 다른 사람에게 원망을 품을 필요는 없다. 나도 다른 사람의 최악의 순간에 본심을 드러내게 될 테니까.

〈Tips〉 The best thing about the worst time 가장 안 좋은 순간에 가장 좋은 것 Get to see 보게 되다 True colors 본색

🔅 AI 추천 명언

사람들이 자신이 어떤 사람인지 보일 때 그것을 믿으라.

**When people show you who they are, believe them. – Maya Angelou **

인생에서의 시련은 우리를 better 더 좋게 만들지 bitter 더 나쁘게 만드는 것은 아니다.

Difficulties in life are intended to make us better, not bitter.
– Dan Reeves *

〈Tips〉 better 더 좋은 bitter 쓴

정직은 값비싼 선물이다.
값싼 사람들에게 기대하지 말라.

Honesty is a very expensive gift.
Don't expect it from cheap people. ***

Warren Buffett, 미국 투자가

사람들은 하루에 약 200번, 대략 10분에 한 번 꼴로 거짓말을 한다고 한다. 그래도 중요한 순간에는 정직해야 한다. 남도 속이고 자신도 속이는 것에 익숙한 사람에게서 정직을 기대하지 말라. 돼지에게서 진주를 기대할 수는 없다.

〈Tips〉 Honesty 정직 Expensive 값비싼 Cheap 값싼

🔅 AI 추천 명언

인격은 나 자신에게 진실을 말하는 것이다. 정직은 사람들에게 진실을 말하는 것이다.

Integrity is telling myself the truth. And honesty is telling the truth to other people. – Spencer Johnson *

〈Tips〉 integrity 인격 honesty 정직

당신이 정직하다면 그것은 당신의 가장 아름다운 모습을 보이는 것이다.

When you are honest, you are the best version of yourself.
– Unknown **

〈Tips〉 honest 정직한 best version 최고의 모습

당신의 연봉을 높여줄 마법의 명언들

돼지와 씨름하지 말라.
돼지만 좋아하니까.

Never wrestle with a pig.
Only the pig will like it. **

George Bernard Shaw, 아일랜드 철학자

나쁜 놈 족치면 좋을 거 같지만 튀는 오물을 나도 뒤집어쓰게 된다. 돼지를 심판하는 것은 다른 돼지에게 맡기면 된다. 돼지 같은 인간도 한때는 나와 같은 인격체였을 것이다. 깨달을 때까지 시간을 주고 기다리는 수밖에 없다.

〈Tips〉Wrestle 씨름하다 pig 돼지

자신의 거짓말을 믿는 사람과 논쟁하지 말라.

Never argue with someone who believes their own lies.

– Unknown *

〈Tips〉argue 논쟁하다 lie 거짓말

사람을 대할 때 기억하라, 인간은 논리의 동물이 아니라 감정의 동물인 것을.

In dealing with people, remember you are not dealing with creatures of logic, but creatures of emotion. – Dale Carnegie *

〈Tips〉logic 논리 emotion 감정

혜택이 그치면 충성심도 그친다.

Loyalty ends when benefit stops. **

John D. Rockefeller, 미국 기업가

이익을 베푸는 쪽에서는 충성심을 받을 것으로 착각하기 쉽다. 정작 받는 쪽에서는 노동의 대가라고 생각할 뿐인데. 주는 데는 한계가 있지만 받는 데는 한계가 없다.

〈Tips〉 Loyalty ends 충성심이 그치다 Benefit stops 이익이 그치다

AI 추천 명언

인간관계의 가장 큰 시험은 의견이 달라도 손을 놓지 않는 것이다.

The ultimate test of a relationship is to disagree but to hold hands. – Alexander R. Dumas *

〈Tips〉 disagree 의견을 달리하다 hold 잡다

배신을 당하는 것은 당신이 먼저 충성을 줬기 때문이다.

Betrayal can only happen if you've first given your loyalty.
– Anonymous *

〈Tips〉 betrayal 배신 loyalty 충성

당신의 연봉을 높여줄 마법의 명언들

나쁜 친구는 그림자 같다.
맑은 날에는 쫓아다니다가, 흐린 날에는 사라진다.

A bad friend is like a shadow:
On a sunny day you won't run away.
On a cloudy day, you won't find it. **

Unknown

나쁜 친구는 흐린 날 그림자처럼 사라졌다가 맑은 날 그림자처럼 나타난다. 어려울 때 전화를 받지 않았던 친구가 성공한 날에는 전화를 건다. 그런 사람과 굳이 원수가 될 필요까지는 없다. 원수로 살 것까지는 아니기 때문이다.

〈Tips〉 Run away 벗어나다 (그림자로부터) find it 찾을 수 없다 (그림자를) On a sunny day 맑은 날 On a cloudy day 흐린 날

AI 추천 명언

잘 나갈 때는 친구들이 우리를 알아본다. 어려울 때는 우리가 친구를 알아본다.

In prosperity our friends know us; in adversity we know our friends. – John Churton Collins *

〈Tips〉 prosperity 번영 adversity 고난

맹인보다 더 안 좋은 것은 눈은 떴으나 비전을 갖지 못하는 것이다.

The only thing worse than being blind is having sight but no vision. – Helen Keller *

〈Tips〉 sight 시력 vision 비전

사람들이 당신의 얼굴에서 웃음을 볼 때,
진정한 친구는 당신의 눈에서 고통을 본다.

A true friend sees the pain in your eyes while the world sees the smile in your face. *

Unknown

오래된 친구가 반드시 진정한 친구인 것은 아니다. 하루를 만나도 내 마음을 읽어 주는 친구가 진정한 친구다. 오래된 친구와 이별하는 것을 너무 슬퍼하지 말라. 성장하고 있다는 증거일 수 있다.

〈Tips〉 Pain 고통 Smile 미소

AI 추천 명언

진정한 친구를 만나는 가장 좋은 방법은 당신이 진정한 친구가 되는 것이다.
The only way to have a friend is to be one. – Ralph Waldo Emerson *

진정한 우정은 눈으로 보는 것이 아니라 마음으로 보는 것이다.
True friendship is seen through the heart, not through the eyes. – Unknown *

당신의 연봉을 높여줄 마법의 명언들

당신을 아는 사람은 많아도
당신을 이해하는 사람은 거의 없다.

There are many people who know you. But there are very few who understand you. **

Unknown

말을 주고받으면 아는 사이이고 마음을 주고받으면 이해하는 사이다.
사람을 깊이 알아 가면 이해하게 되고, 이해하게 되면 사랑하게 된다.
〈Tips〉 Know 알다 Understand 이해하다

 **AI 추천 명언**

당신이 달걀이라면 금이 갔을 때도 좋은 달걀이라고 말해 주는 친구가 진정한 친구다.

A true friend is someone who thinks that you are a good egg even though they know that you are slightly cracked. – Bernard Meltzer *

〈Tips〉 sightly cracked 살짝 금 간

울고 싶을 때 웃게 해 주는 친구가 진정한 친구다.

A true friend is someone who can make us laugh even when we feel like crying. – Unknown *

친구가 너 달라졌다고 말한다면,
성장했다는 말을 어떻게 표현할 줄 모르기 때문이다.

When your friends start to say you've changed, it's because they don't know how to say you've grown. *

Unknown

너 달라졌다라는 말을 들으면 기분 좋게 생각하라. 여자라면 이뻐졌다는 말이고, 남자라면 능력이 많아졌다는 뜻이니까.

〈Tips〉 You've changed 달라졌다 You've grown 성장했다

 AI 추천 명언

시기는 영혼의 궤양이다.

Envy is the ulcer of the soul. – Socrates *

〈Tips〉 envy 시기 ulcer 궤양

부러움은 나의 축복이 아니라 다른 사람의 축복을 세는 것과 같다.

Envy is the art of counting the other fellow's blessings instead of your own. – Harold Coffin *

〈Tips〉 envy 시기 blessing 축복

당신의 연봉을 높여줄 마법의 명언들

모든 사람을 존중하라. 누구도 두려워하지 말라.

Respect all. Fear none. **

Bum Phillips, 미식축구 감독

사람을 두려워하는 것은 하나님을 두려워하지 않기 때문이다. 하나님을
두려워하면 사람들을 두려워하지 않게 된다. 하나님 앞에서 무릎 꿇는
사람은 누구에게도 무릎 꿇지 않는다.

〈Tips〉 Respect 존중하다 Fear 두려워하다

🔅 AI 추천 명언

당신이 대접받고 싶은 대로 다른 사람들을 대접하라.

Treat others as you would like to be treated. – The Golden Rule *

〈Tips〉 treat 대접하다

가장 좋은 존경의 표현은 이해심을 가지고 경청하는 것이다. 단지 대답할
목적으로 듣는 것이 아니라.

**The highest form of respect is to listen with understanding
and not just with the intent to reply. – Stephen R. Covey ***

분노는 내가 독약을 마시고
적이 죽기를 바라는 것과 같다.

Resentment is like drinking poison and hoping it will kill your enemies. ***

Nelson Mandela, 남아프리카 공화국 대통령

분노는 나를 홀대해도 좋다고 가르치는 것과 같다. 분노는 다른 사람의 잘못에 대해 나를 벌하는 것이다. 분노를 일으키는 사람을 좀 더 알아보자. 알면 이해하게 되고 이해하면 용서하게 된다. 그게 크게 이기는 것이다.

〈Tips〉 Resentment 분노 Poison 독약

 AI 추천 명언

분노란 다른 사람의 잘못에 대해 우리 스스로를 벌하는 것이다.

**Anger is the punishment we give ourselves for someone else's mistake. – Seneca **

〈Tips〉 punishment 벌 mistake 실수

1분 동안 화를 내는 것은 60초 동안 마음의 평안을 포기한 것이다.

For every minute you remain angry, you give up sixty seconds of peace of mind. – Ralph Waldo Emerson *

당신의 연봉을 높여줄 마법의 명언들

악마는 당신이 약해서 공격하는 게 아니다.
그들에게 위협이 되기 때문에 공격하는 것이다.

The devil is not attacking you because you are weak. The devil is attacking you because you are a threat. ***

Unknown

이유 없는 고난이 온다면 옳은 일을 하기 때문이다. 그런 이유 없는 고난 때문에 포기하지는 말라. 더 큰 영광이 오고 있기 때문이다.

〈Tips〉 Not because~ but because ~때문이 아니라 ~때문에 Threat 위협

AI 추천 명언

나의 수준이 높아지면 방해꾼의 수준도 높아진다.

New levels bring new devils. – Joyce Meyer *

〈Tips〉 level 수준 devil 악마, 방해꾼

옳은 길이라 할지라도 그 위에 앉아만 있으면 치여 죽는다.

Even if you're on the right track, you'll get run over if you just sit there. – Will Rogers **

〈Tips〉 right track 옳은 길 run over 차로 치다

우리 마음 속에는 선과 악이라는 늑대 두 마리가 싸우고 있다.
누가 이길까. 우리가 먹이를 준 쪽이다.

There are two wolves fighting inside all of us: evil and good. Which wolf will win? The one you feed. **

Indian Proverb

우리의 마음 속에는 항상 선악의 갈등이 있다. 그래서 삶은 선택의 연속이다. 선한 늑대는 길들여진 개처럼 편하다. 악한 늑대는 골치 아프다. 주인을 못 알아보니까.

〈Tips〉 Wolf 늑대 Feed 먹이를 주다

AI 추천 명언

아무도 보지 않을 때 옳은 일을 하는 것이 진정한 인격이다.

Character is doing the right thing when nobody's looking. – J.C. Watts *

〈Tips〉 character 인격 right 옳은

옳은 일을 할 때 시간은 늘 옳다.

The time is always right to do what is right. – Martin Luther King Jr. *

당신은 화를 낸 것 때문에 벌을 받는 것이 아니라,
당신의 화에 의해 벌을 받는 것이다.

You will not be punished
for your anger.
You will be punished by your anger. *

Siddhartha Gautama, 영성 트레이너

감정적으로 화를 내지 말고, 이성적으로 화를 내라. 이성이 감정을 조절하게 해야 한다. 안 그러면 화는 적을 죽이기 위해 내가 독약을 먹는 것과 같아진다.

〈Tips〉Punished for your anger 당신이 화낸 것 때문에 벌받다 Punished by your anger 당신의 화에 의해 벌받다

AI 추천 명언

화 anger는 위험 danger와 철자 한 끗 차이다.

Anger is one letter short of danger. – Eleanor Roosevelt **

화를 내는 것은 다른 사람에게 당신을 깔보라고 가르치는 것과 같다.

When you react with anger, you are teaching others to treat you with disrespect. – Unknown **

〈Tips〉react 반응하다 disrespect 무시, 깔봄

어리석은 자는 자신의 실수로부터 배우고,
지혜로운 자는 다른 사람의 실수로부터 배운다.

Only a fool learns from his own mistakes. The wise man learns from the mistakes of others. **

Otto von Bismarck, 독일 재상

어리석은 자는 말로 어리석음을 드러내고, 지혜로운 자는 침묵으로 지혜를 드러낸다. 지혜로운 자는 내공을 쌓은 자다. 내공은 침묵에서 시작된다.

〈Tips〉 Learn from his own mistakes 자신의 실수로부터 배우다 Learn from the mistakes of others 다른 사람의 실수로부터 배우다

🔅 AI 추천 명언

지혜란 말하고 싶을 때 경청을 택한 시간들에 대한 보상이다.

Wisdom is the reward you get for a lifetime of listening when you'd have preferred to talk. – Doug Larson *

어리석은 자는 실수를 하는 자가 아니라 실수로부터 교훈을 얻지 못하는 자이다.

The fool is not always the one who makes mistakes, but the one who never learns from them. – Anonymous *

당신이 열등감을 느끼는 것은
당신이 마음 속으로 인정하기 때문이다.

No one can make you feel inferior
without your consent. ***

Eleanor Roosevelt, 미국 루즈벨트 대통령의 부인

자존감이 충만하면 누가 뭐라고 해도 상처 받지 않는다. 자존감이 높아 지려면 사랑을 많이 받아야 한다. 내 곁에 사랑하는 사람이 필요한 이유가 이것이다.

〈Tips〉 Inferior 열등한 Consent 동의

💡 AI 추천 명언

자신을 사랑하는 것은 평생 가는 로맨스의 시작이다.

To love oneself is the beginning of a lifelong romance. – Oscar Wilde *

〈Tips〉 lifelong 평생의

무언가를 위해 서지 않으면 어느 것에라도 쓰러진다.

If you don't stand for something, you will fall for anything.
– Malcolm X *

〈Tips〉 stand for ~를 위해 서다 fall for ~때문에 쓰러지다

배려 없는 솔직함은
잔인함이다.

Honesty without kindness
is brutality. **

Frank A. Clark, 미국 작가

솔직하게 말할 테니 기분 나쁘게 듣지 마. 이렇게 말하면서 배려 없이 솔직하려는 것은 잔인함이다. 마음의 문을 열게 하고 말해도 늦지 않다. 솔직함과 배려는 늘 함께 가야 한다.

〈Tips〉 Honesty without kindness 배려 없는 솔직함 Brutality 잔인함.

🔆 AI 추천 명언

사랑 없는 진실은 잔인함이고 진실 없는 사랑은 위선이다.

**Truth without love is brutality, and love without truth is hypocrisy. – Warren W. Wiersbe **

〈Tips〉 brutality 잔인함 hypocrisy 위선

진실을 말하는 가장 좋은 방법은 배려를 갖는 것이다. 사람들은 배려하는 사람의 말만 듣기 때문이다.

The best way to tell the truth is with kindness. Only the words of a loving man can be heard. – Henry David Thoreau *

〈Tips〉 kindness 친절 loving 사랑스런

최고의 내 자신이 되기 위해서는
이별해야 할 것이 많다.

Becoming the best version of yourself comes with a lot of goodbyes. **

Unknown

가지치기를 하지 않고서 멋진 나무가 될 수 없다. 최고의 내 자신이 되려면 쓸데없는 것들을 쳐 내야 한다. 가지치기가 어려운 이유는 내 자신의 일부를 잘라 내야 하기 때문이다. 최고의 나는 과거의 나와 이별하지 않고는 만들어질 수 없다.

〈Tips〉 The best version of yourself 최고의 내 자신 Come with ~을 동반하다 A lot of goodbyes 많은 이별

 **AI 추천 명언**

수평선 너머를 보려면 육지가 안 보일 때까지 헤엄쳐 가는 용기가 필요하다.

You cannot swim for new horizons until you have courage to lose sight of the shore. William Faulkner *

〈Tips〉 horizon 수평선 shore 해변

모든 새로운 시작은 어떤 다른 시작의 끝에서 시작된다.

Every new beginning comes from some other beginning's end. – Seneca *

당신은 당신이 함께하는
다섯 사람의 평균치다.

You are the average of the five people
you spend the most time with. **

Jim Rohn, 미국 리더십 전문가

당신이 네 명의 지혜로운 사람과 어울린다면 다섯 번째가 될 확률이 높다. 당신이 네 명의 어리석은 사람과 어울린다면 다섯 번째가 될 확률이 높다. 미래의 내 모습을 보려면 지금 누구와 어울리고 있는지를 보면 된다. 당신도 그들의 다섯 친구 중의 하나다.

〈Tips〉 Average 평균 People you spend the most time with 당신이 가장 많은 시간을 보내는 사람들

🔅 AI 추천 명언

다섯 명의 어리석은 사람과 어울리면, 당신은 여섯 번째가 된다.

If you hang around with five stupid people, you will be the sixth.

– Unknown **

친구를 보여 달라. 당신의 미래를 보여 주리라.

Show me your friends and I'll show you your future. – Unknown *

당신의 연봉을 높여줄 마법의 명언들

주먹을 쥐고
악수를 할 수는 없다.

You cannot shake hands with a clenched fist. **

Indira Gandhi, 인도 최초 여성 총리

악수는 적에게 내민 손이 잘릴지도 모르는 위험을 감수하는 것이다. 상대를 신뢰하지 않으면 할 수 없는 것이 악수다. 내 손이 잘리지 않은 것을 확인하면 마음이 풀린다. 그러므로 자주 악수하자.

〈Tips〉 Shake hands 악수하다 Clenched fist 꽉 쥔 주먹

🔅 AI 추천 명언

눈에는 눈이라는 것이 온세상을 눈멀게 한다.

An eye for an eye will only make the whole world blind.

**– Mahatma Gandhi **

〈Tips〉 eye for an eye 눈에는 눈 blind 눈 먼

사랑의 힘이 권력욕을 이기면 온 세상은 평화롭게 된다.

When the power of love overcomes the love of power, the world will know peace. – Jimi Hendrix *

〈Tips〉 the power of love 사랑의 힘 the love of power 권력욕

어리석은 자가 말싸움에서 이기게
내버려두는 훈련을 쌓아라.

Train yourself to let stupid people
win arguments. **

Lao Tzu, 중국 철학자

나보다 못하다고 생각하는 사람을 인정하는 것만큼 힘든 것도 없다. 아이러니하게도 나보다 못한 사람을 인정해 주는 것은 아주 드문 능력이된다. 져주고 속아 주는 것은 정말 큰 능력이다. 사람의 마음을 얻기 때문이다.

〈Tips〉 Train 훈련시키다 Let stupid people win 어리석은 자가 이기게 내버려두다
Argument 논쟁

 **AI 추천 명언**

어리석은 자와 논쟁하는 것은 어리석은 자가 둘이라는 것을 증명할 뿐이다.
Arguing with a fool proves there are two. – Doris M. Smith **

우리는 우리 자신에게 거짓말할 때 가장 큰 소리로 거짓말을 한다.
We lie the loudest when we lie to ourselves. – Eric Hoffer **

당신의 연봉을 높여줄 마법의 명언들

다른 사람을 탓하면
나를 발전시킬 수 없다.

If you blame it on someone else, don't expect it to get better. *

Phil McGraw, 미국 심리학 박사

다른 사람을 비난하는 것은 나를 발전시킬 기회를 잃는 것이다. 다른 사람을 탓하지 말라. 내가 발전할 수 있는 너무나 좋은 기회를 놓치는 것이다.

〈Tips〉 Blame 탓을 하다 Get better 더 좋아지다 It = 불특정 주어로 의미 없이 쓰인 말

 **AI 추천 명언**

다른 사람을 비난하는 것은 자신을 변화시킬 힘을 포기하는 것이다.

When you blame others, you give up your power to change.

– Dr. Robert Anthony *

책임감은 위대함의 대가다.

Responsibility is the price of greatness. – Winston Churchill *

당신에 대한 다른 사람의 의견이
당신의 현실이 되게 하지 말라.

Don't let someone else's opinion
of you become your reality. **

Les Brown, 미국 리더십 전문가

다른 사람의 의견이 당신의 현실이 되면 당신은 당신이 아니라 다른 사람이 된다. 당신을 위한 사람이 아니라 다른 사람을 위한 사람이 된다. 당신은 원본이지 복사본이 아니다.

〈Tips〉 Opinion 의견 Reality 실제, 현실 Not have to ~할 필요가 없다

🔆 AI 추천 명언

다른 사람이 당신에 대해 어떻게 생각하든 그것은 당신이 참견할 일이 아니다.

What others think of you is none of your business. – Deepak Chopra *

〈Tips〉 none of your business 당신이 참견할 일이 아니다

진정한 행복을 얻는 유일한 방법은 천성대로 사는 것이다.

The only way to achieve true happiness is to live according to your own nature. – Aristotle *

〈Tips〉 your own nature 천성

당신의 연봉을 높여줄 마법의 명언들

지금의 당신이 보다 더 잘나야 할 유일한 사람은
어제의 당신이다.

The only person you should try to be better than is the person you were yesterday. **

John C. Maxwell, 미국 리더십 전문가

나를 다른 사람과 비교하는 것은 나 자신에 대한 모욕이지만, 나를 이전의 나와 비교하는 것은 격려가 된다. 나는 나 자신에게 너그럽기 때문이다.

〈Tips〉 The only person you should try to be better than 지금의 당신이 보다 더 잘나야 하는 유일한 사람 The person you were yesterday 어제의 당신

 AI 추천 명언

행복과 질투는 동시에 있을 수 없다.

You can't be happy and envious at the same time. – Frank Tyger *

〈Tips〉 envious 질투하는

목적에 사로잡혀 있으면 비교 의식으로 정신이 산만해지지 않는다.

We won't be distracted by comparison if we are captivated with purpose. – Bob Goff *

〈Tips〉 distract 산만하게 하다 captivate 사로잡다

상처를 당하는 것은 당신 탓이 아니지만,
상처를 치유하는 것은 당신 책임이다.

Your wound is not your fault.
But your healing is your responsibility. **

Denise Linn, 미국 작가

상처받은 것은 불행이지만 치유하면서 지혜를 얻으면 행운이 된다. 상처의 원인이 나에게 있음을 인정하면 상처가 별처럼 빛나는 영광이 된다.

〈Tips〉 Wound 부상, 상처 Fault 잘못 Healing 치료, 치유 Responsibility 책임

🔅 AI 추천 명언

육체적 고통은 피할 수 없다. 그러나 마음의 고통은 피할 수 있다.

Pain is inevitable, but suffering is optional. – Haruki Murakami *

〈Tips〉 inevitable 피할 수 없는 optional 선택적인

다른 사람을 상하게 함으로써 자신을 치유하는 것은 불가능하다.

No one heals himself by wounding another. – St. Ambrose *

〈Tips〉 heal 치유하다 wound 상처를 주다

당신의 연봉을 높여줄 마법의 명언들

사람들이 당신을 미워하는 것은
당신을 더 이상 다룰 수 없을 때부터다.

People will start hating you when they cannot control you. **

James Baldwin, 미국 사회 비평가

사람들로부터 미움을 받는다면 침묵하라. 침묵은 당신을 지혜롭게 만든다. 그리고 용서할 수 있는 힘을 얻게 한다. 진정한 승자는 미워하는 사람을 품어주는 사람이다.

〈Tips〉 Start hating 미워하기 시작하다 Control 조종하다, 다루다

AI 추천 명언

챔피언은 지는 것을 두려워한다. 다른 사람들은 이기는 것을 두려워한다.
A champion is afraid of losing. Everyone else is afraid of winning. – Billie Jean King **

자유란 우리의 사슬을 우리가 선택하는 힘이다.
Freedom is the power to choose our own chains.
– Jean–Jacques Rousseau ***

다른 사람을 따뜻하게 하려고
자신을 불사르지 말라.

Don't set yourself on fire
to keep others warm. **

Penny Reid, 미국 소설가

희생은 다른 사람을 위한 것이지만, 만용은 스스로를 위한 것이다. 희생하고 후회한다면 그것은 만용이다. 그러나 희생인지 만용인지 함부로 판단해서도 안 된다. 희생은 쉽게 논할 수 있는 주제가 아니기 때문이다.

〈Tips〉 Set yourself on fire 자신을 불사르다 Keep others warm 다른 사람을 따뜻하게 하다

 AI 추천 명언

당신 스스로 인생의 우선순위를 정하지 않으면 다른 사람이 정하게 된다.
If you don't prioritize your life, someone else will. – Greg McKeown *

〈Tips〉 prioritize 우선순위를 정하다

다른 사람에 대한 동정은 우리 자신에 대한 친절함으로 시작된다.
Compassion for others begins with kindness to ourselves.
– Pema Chödrön *

〈Tips〉 compassion 동정 kindness 친절

당신의 연봉을 높여줄 마법의 명언들

자기 자신을 사랑할수록
다른 사람을 필요로 하지 않는다.

The more you like yourself,
the less you will need others. *

Robert Anthony, 미국 작가

자기 자신을 사랑하게 되면 자존감이 올라간다. 자존감이 올라가면 타인에 대한 의존성이 낮아진다. 다른 사람의 도움을 받고 싶으면 먼저 독립적인 자존감을 회복해야 한다. 자기 자신을 사랑하는 것이 자존감 회복의 첫걸음이다.

〈Tips〉 The more~ the less~ 더하면 할수록 덜하게 된다

AI 추천 명언

아무도 나를 믿지 않을 때 나 자신만은 나를 믿어야 한다.

You have to believe in yourself when no one else does.

– Serena Williams *

진정으로 강한 사람은 다른 사람의 인정을 필요로 하지 않는다. 마치 사자가 양들의 인정을 필요로 하지 않는 것처럼.

A truly strong person does not need the approval of others any more than a lion needs the approval of sheep. – Vernon Howard *

웃을 때는 함께 웃지만, 울 때는 혼자 울게 된다.

When you laugh,
people laugh with you,
and when you cry, you cry alone. *

Harold B. Lee, 미국 목사

함께 울어 주는 사람이 곁에 있는 것은 축복이다. 사랑하지 않으면 함께 울어 줄 수 없다. 함께 울어 주는 사람이 곁에 있다면 사랑받고 있다는 증거다.

〈Tips〉 When you laugh 웃을 때는 Laugh with you 함께 웃다 When you cry 울 때는 Alone 홀로

AI 추천 명언

기쁨은 나누면 두 배가 되고, 슬픔은 나누면 반이 된다.

Joy shared is double joy; sorrow shared is half a sorrow.

– Swedish Proverb *

〈Tips〉 joy shared 함께 나눈 기쁨 sorrow shared 함께 나눈 슬픔

고독은 위대함의 필수 요소다.

Solitude is the essential element of all true greatness.

– Thomas Hardy *

〈Tips〉 solitude 고독 greatness 위대함

좋은 사람은 가치 있는 기억을 남기고,
나쁜 사람은 가치 있는 교훈을 남긴다.

Good people give you valuable memories.
Bad people give you valuable lessons. **

Gautam Buddha, 영성 트레이너

나쁜 사람을 만났다 해도 너무 실망하지 말자. 그가 남긴 교훈으로 내가 더 지혜로워졌으니까. 그렇지만 상처 주는 사람을 또 만나지는 말기를. 두 번째부터는 실수가 아니라 선택이기 때문이다.

〈Tips〉 Valuable memories 가치 있는 기억 Valuable lessons 가치 있는 교훈

 **AI 추천 명언**

어떤 사람은 우리 인생에 축복으로 찾아오고, 어떤 사람은 교훈으로 찾아온다.

Some people come into your life as blessings. Some come in your life as lessons. – Mother Teresa *

〈Tips〉 blessing 축복 lesson 교훈

우리가 만나는 사람 중에 평범한 사람은 없다.

We meet no ordinary people in our lives. – C.S. Lewis *

〈Tips〉 ordinary 평범한

친절하라.
모두가 치열한 전투를 하는 중이기 때문이다.

Be kind.
For everyone is fighting a great battle. **

Plato, 그리스 철학자

다른 사람을 친절하게 대하자. 최소한 내가 싸우고 있는 적이 아니라면 그렇게 하자. 그들에게 나는 그들이 말을 거는 마지막 사람일지도 모르기 때문이다.

〈Tips〉 Be kind 친절하라 Fight a great battle 치열한 전투를 하다

🔆 AI 추천 명언

다른 사람을 높임으로 우리도 높임을 받는다.

We rise by lifting others. – Robert Ingersoll *

〈Tips〉 rise 일어서다 lift 높이다

우리 자신에게 행한 것은 우리와 함께 죽는다. 다른 사람에게 행한 것은 영원히 남는다.

What we do for ourselves dies with us; what we do for others remains and is immortal. – Albert Pike *

〈Tips〉 die 죽다 immortal 불멸의

당신의 연봉을 높여줄 마법의 명언들

당신의 인생 스토리를
다른 사람이 쓰지 않게 하라.

When writing the story of your life,
don't let anyone else hold the pen. **

Harriet Tubman, 미국 정치 운동가

타인의 시선에 약한 것이 우리다. 그래서 내 인생 스토리도 다른 사람이
펜을 쥐고 있는 경우도 있다. 그러나 그 펜을 하나님께 맡겨라. 하나님
이 내 인생 스토리를 써 내려간다면 이미 성공한 것이다.

〈Tips〉 Story of your life 인생 스토리 Hold the pen 펜을 쥐다

 **AI 추천 명언**

미래를 예측하는 가장 좋은 방법을 미래를 창조하는 것이다.

The best way to predict the future is to create it. – Peter Drucker *

〈Tips〉 predict 예측하다 create 창조하다

**무리와 함께 가면 무리보다 더 나아갈 수 없지만, 홀로 가는 사람은 누구도
가 본 적 없는 곳을 갈 수 있다.**

**The person who follows the crowd will usually go no further than
the crowd. The person who walks alone is likely to find himself
in places no one has ever been before. – Albert Einstein ***

무시를 용납하지 말라
자기 자신으로부터라고 할지라도.

Never tolerate disrespect,
not even from yourself. *

Katazyna, 미국 작가

무시는 인간의 존엄성을 망가뜨리고 의욕을 상실케 한다. 그러므로 나 자신을 포함에서 누구에게라도 무시를 당하지 않도록 해야 한다. 그런데 무시를 잘 당하는 것은 아무나 할 수 있는 일이 아니다. 이것을 터득하게 되면 엄청난 성공 비결이 된다.

〈Tips〉 Never tolerate 절대 용납하지 말라 Disrespect 무시 Not even from yourself 자기 자신으로부터의 무시라 할지라도

AI 추천 명언

이제까지 스스로를 비판해서 얻은 것이 없다면, 이제는 스스로를 관용함으로 어떤 결과가 나오는지 보라.

You have been criticizing yourself for years and it hasn't worked. Try approving of yourself and see what happens. – Louise Hay *

〈Tips〉 criticize 비판하다 approve 인정하다

부정적인 사람들과 어울리면서 긍정적인 삶을 살 거라 기대하지 마라.

You cannot expect to live a positive life if you hang with negative people. – Joyce Meyer *

당신의 연봉을 높여줄 마법의 명언들

사람들은 당신이 얼마나 많이 아는지 관심 없다
당신이 얼마나 그들에게 관심 있는지 알기 전까지.

People don't care how much you know until they know how much you care. ***

Theodore Roosevelt, 미국 26대 대통령

마음이 닫혀 있으면 아무리 좋은 충고도 잔소리일 뿐이다. 먼저 상대방이 마음의 문을 열어야 한다. 그 첫 단계가 웃게 만드는 것이다. 웃음은 마음의 문을 여는 열쇠다.

〈Tips〉 How much you know 당신이 얼마나 많이 아는지 How much you care 당신이 얼마나 사랑을 하는지

💡 AI 추천 명언

공감이란 다른 사람의 메아리를 내 자신 속에서 발견하는 것이다.
Empathy is about finding echoes of another person in yourself.
– Mohsin Hamid *

〈Tips〉 empathy 공감 echo 메아리

공감이란 다른 사람의 눈으로 보는 것이고, 다른 사람의 귀로 듣는 것이고, 다른 사람의 심장으로 느끼는 것이다.
Empathy is seeing with the eyes of another, listening with the ears of another, and feeling with the heart of another. – Alfred Adler *

사람들에 대해 알아가면 알아갈수록
개가 더 좋아진다.

The more I learn about people,
the more I like my dog. **

Mark Twain, 미국 소설가

상대방이 바뀌게 하는 가장 좋은 방법은 내가 바뀌는 것이다. 내가 바뀌면 상대방도 바뀐다. 개를 좋아하는 것만큼 사람을 좋아하면 그 사람도 나를 좋아하게 되어 있다.

〈Tips〉 The more I learn 알아가면 알아갈수록 The more I like 더 좋아하게 되다

🤖 AI 추천 명언

개도 말을 한다. 그러나 듣는 사람에게만 한다.

Dogs do speak, but only to those who know how to listen.
– Orhan Pamuk **

개가 인간보다 나은 것은 그들은 알고 있어도 말하지 않기 때문이다.

Dogs are better than human beings because they know but do not tell. – Emily Dickinson **

당신의 연봉을 높여줄 마법의 명언들

잊지 말라. 누가 어려울 때 도와줬는지, 누가 어려울 때 떠났는지, 그리고 누가 어려움으로 몰아넣었는지.

Never forget who helped you in difficult times, who left you in difficult times, and who put you in difficult times. *

Unknown

누군가의 배신이 내가 더 강해질 수 있는 계기가 되고, 누군가의 도움은 나도 타인을 도울 수 있는 용기를 준다. 어떤 경험이든 그것을 어떻게 받아들이고 성장하느냐는 결국 우리 스스로의 선택이다.

〈Tips〉 Put in difficult times 어려운 상황으로 몰아넣다

AI 추천 명언

당신이 가장 힘들 때 곁에 있어 준 사람들은 당신이 가장 빛날 때 함께할 자격이 있다.

The people who stand by you at your worst deserve to enjoy being with you at your best. – Unknown *

〈Tips〉 at your worst 최악의 순간에 at your best 최고의 순간에

진정한 우정은 증명하는 것이지, 선포하는 것이 아니다.

True friendship is proven not proclaimed. – Craig D. Lounsbrough *

〈Tips〉 prove 증명하다 proclaim 선포하다

왜 한글로 된 명언은 많지 않을까

필자는 영어로 된 명언을 수집하면 왜 한글로 된 명언은 많지 않은지 의문을 갖게 되었다. 독자들도 마음 속에 기억하고 있는 한글 명언이 많지 않을 것이다. 미국 같은 경우 많은 명언집들이 나와 있고 또 그 시대의 유명 인사들이 한 말이 명언으로 박제되어 대중적인 사랑을 받으며 통용되는 것을 보게 된다. 수십 년을 영어 번역에 종사한 필자는 이런 점에서 영어 명언에 대한 부러움을 가지고 있다.

생각해 보면 우리의 삶 속에는 한자 사자성어(四字成語)가 영어 명언과 같은 역할을 하고 있음을 발견하게 된다. 최근에 TV에서 조선 시대 궁궐의 미학을 설명하는 말로 '검이불루 화이불치(儉而不陋 華而不侈, 검소하지만 누추하지 않고 화려하나 사치스럽지 않다)'라고 하는 것을 들었는데 참으로 아름다운 명언이라는 생각을 갖게 되었다. 한자 사자성어가 영어 명언과 같은 역할을 잘 수행하고 있는 것이다.

따라서 한글로 된 명언은 많지 않은 이유는 한자 사자성어가 압도적이기 때문일 것이다. 한글로 길게 말하는 것보다 한자 네 글자로 압축하여 말하는 것이 훨씬 힘이 있고 촌철살인의 미학이 있다. 영향력 있는 정치인이나 유명인이 자기의 생각을 강조할 때 사자성어를 사용하는 것이 일반적인 경향임은 부인할 수 없는 사실이다.

우리가 명언이라 하면 떠오르는 것이 영어 명언을 번역한 것이나 한자 사자성어인데, 막상 순수한 한글 명언은 속담이나 유행어 정도다. 한류 붐을 타고 어느 때보다도 한글의 힘이 전 세계적으로 느껴지는 때다. 정치인이나 유명인들이 한글을 사랑하는 마음을 더욱 크게 갖고 자신의 신념이나 감정을 아름다운 한글로 표현한다면 오랫동안 잊히지 않는 한글 명언으로 남을 것을 믿어 의심치 않는다.

한글이 명언으로 고급화되기 위해서는 한글의 아름다운 특성이 극대화되어야 한다. 한글의 운율, 단어의 선택, 통찰력 등 중요한 요소들을 정교하게 연마하여 세련된 언어의 품격을 나타내는 명언이 등장할 날을 기대해 본다. "역사를 잊은 민족에게는 미래가 없다." 독립운동가 신채호의 명언이다. 이런 명언들로 잘 다듬어지고 풍성한 한글이 세계적인 언어로 거듭나기를 고대한다.

Chapter 4

Life and Wisdom

삶 그리고 지혜

삶은 지혜를 낳는다. 고난을 통과하며 생각하는 사람들은 지혜를 얻는다. 그런 사람들이 어렵게 얻은 지혜를 배워서 나의 삶에 적용하는 것이 지혜다. 지혜의 문턱에서 이전의 사람들이 겪은 똑같은 시행착오를 겪기 일보 직전인 젊은 청춘들을 위한 글로벌 리더들의 영어 멘토링 한마디.

모두는 죽는다.
그러나 모두가 살아 있는 것은 아니다.

Everyone dies
but not everyone lives. ***

William Wallace, 스코틀랜드 영웅

끝을 생각하며 시작하라는 말이 있다. 늘 마지막의 때를 생각하고 살 때 가치 있는 삶이 될 가능성이 크다. 죽음보다 더 중요한 것은 죽음 이후다. 죽음 이후가 확실하면 진정 가치 있는 삶을 살 수 있다.

〈Tips〉 Die 죽다 Live 살다 Not everyone 모두가 ~하는 것은 아니다

🔅 AI 추천 명언

인생의 의미는 인생에 의미를 부여하는 것에 있다.

The meaning of life is to give life meaning. – Unknown **

내일 죽을 것처럼 살라. 영원히 살 것처럼 배우라.

Live as if you were to die tomorrow. Learn as if you were to live forever. – Mahatma Gandhi *

　　　　　　　　　당신의 연봉을 높여줄 마법의 명언들

엄마가 없으면 인생이 고달프고,
아버지가 없으면 인생이 어둡다.

Life is hard without mom.
Life is dark without dad. *

Khalil Gibran, 미국 시인

엄마는 보살핌을 주고 아버지는 삶의 비전을 준다. 그래서 엄마가 없으면 힘들어지고, 아버지가 없으면 어두워진다. 너무 비관적일 필요는 없다. 둥지를 떠나 하늘을 날아올라야 하기 때문이다. 성장은 이별과 함께 온다.

〈Tips〉 Hard without mom 엄마가 없으면 힘든 Dark without dad 아버지가 없으면 어두운

AI 추천 명언

하나님은 모든 곳에 계실 수가 없기 때문에 엄마들을 만들었다.

God could not be everywhere, and therefore he made mothers.
– Rudyard Kipling *

엄마는 아기가 말하지 않는 것들을 알아듣는다.

A mother understands what a child does not say. – Jewish Proverb *

생각은 자신과 대화하는 것이다.

When the mind is thinking, it is talking to itself. **

Plato, 그리스 철학자

우리는 다른 사람에게 말을 하기 전에 우리 자신과 먼저 말을 한다. 그 것이 생각이다. 생각은 대화의 리허설이다. 생각을 잘 하려면 잘 들어야 한다. 잘 들어야 잘 말할 수 있다.

〈Tips〉 Mind 마음 Talk to itself 스스로와 대화하다

 **AI 추천 명언**

우리가 만든 세상은 우리의 생각으로 이루어진다. 따라서 우리의 생각을 바꾸지 않고는 이 세상은 변하지 않는다.

The world as we have created it is a process of our thinking. It cannot be changed without changing our thinking. – Albert Einstein *

행복은 생각의 질에 달려 있다.

The happiness of your life depends upon the quality of your thoughts. – Marcus Aurelius *

당신의 연봉을 높여줄 마법의 명언들

좋은 변호사는 법을 잘 알고,
영리한 변호사는 판사를 점심에 데려간다.

A good lawyer knows the law.
A clever one takes the judge to lunch. **

Mark Twain, 미국 소설가

공부로 성공하고 싶은 사람은 죽도록 공부를 하고, 공부하기 싫은 사람은 다른 사람들이 못 보는 성공의 길을 눈에 불을 켜고 찾아야 한다. 성공의 길은 다를지 몰라도 힘껏 노력을 해야 하는 것은 동일하다.

〈Tips〉 Lawyer 변호사 Judge 판사 Good 좋은 Clever 영리한 Take the judge to lunch 판사를 점심 식사에 데려가다

🔆 AI 추천 명언

좋은 변호사는 법을 알고, 위대한 변호사는 판사를 안다.

A good lawyer knows the law; a great lawyer knows the judge.

– Anonymous *

세상을 보는 시각을 바꾸면, 당신이 보는 세상이 달라진다.

If you change the way you look at things, the things you look at change. – Wayne Dye *

고통이 의미를 가지고 있는 한
어떤 고통도 견딜 수 있다.

I can bear any pain
as long as it has meaning. ***

Viktor E. Frankl, 오스트리아 박사, 홀로코스트 생존자

인간은 의미를 좇는 존재다. 의미를 발견하면 고통을 견딜 수 있다. 고통은 우리가 그 의미를 깨달으면 비로소 떠나간다. 모든 것은 지나가게 되어 있다. 남는 것은 삶의 의미뿐이다.

〈Tips〉 Bear 참다 Pain 고통 As long as ~하는 한 Meaning 의미

 **AI 추천 명언**

산다는 것은 고통을 겪는 것을 말한다. 생존한다는 것은 그 고통에서 의미를 찾는 것을 의미한다.

To live is to suffer, to survive is to find some meaning in the suffering. – Friedrich Nietzsche *

〈Tips〉 suffer 겪다 suffering 고통

용기란 당신이 두려워하는 것을 아는 유일한 사람이 당신뿐인 상태다.

Bravery is being the only one who knows you're afraid.
– Franklin P. Jones **

〈Tips〉 bravery 용기 afraid 두려운

당신의 연봉을 높여줄 마법의 명언들

고통은 당신에게 가르칠 것을 끝내면 떠날 것이다.

Pain will leave when it's done teaching you. ***

Kim McMillen, 미국 리더십 강사

고통은 할 일을 다 끝내지 않으면 떠날 수가 없다. 고통은 당신을 위한 위대한 사명을 가지고 있기 때문이다. 고통의 이유를 깨닫고 감사하기까지 고통은 떠나지 않을 것이다. 고통을 감사하게 되면 세상이 감당할 수 없는 담대함을 얻게 된다.

〈Tips〉 It has done teaching 가르치는 것을 끝내다

💡 AI 추천 명언

상처는 빛이 우리 안으로 들어오는 곳이다.

**The wound is the place where the Light enters you. – Rumi **

〈Tips〉 wound 상처 light 빛, 여기서는 하나님을 의미

강해져야 하는 것이 유일한 선택이 되기 전까지 우리는 우리가 얼마나 강한지 알 수 없다.

You don't know how strong you are until being strong is your only choice. – Bob Marley *

애들은 어둠을 두려워하고, 어른들은 빛을 두려워한다.

We can easily forgive a child who is afraid of the dark. The real tragedy of life is when men are afraid of the light. **

Plato, 그리스 철학자

어둠은 미지의 세계이기 때문에 두렵고, 빛은 감춘 것을 드러내기 때문에 두렵다. 어둠의 정체를 모르기 때문에 두렵고, 빛의 정체를 알기 때문에 두렵다. 어둠은 사람의 정체를 감추기에 두렵고, 빛은 나의 정체가 드러내기에 두렵다. 구원자를 만나야 하는 이유이기도 하다.

〈Tips〉 Dark 어두움 Light 빛 Afraid 두려운 Tragedy 비극

AI 추천 명언

우리가 두려워하는 것은 대부분 우리가 가장 해야 하는 것이다.

What we are afraid to do is usually what we most need to do.

– Tim Ferriss *

진리가 우리를 자유롭게 하지만, 먼저 우리를 비참하게 만든다.

The truth will set you free, but first it will make you miserable.

– James A. Garfield *

〈Tips〉 set free 자유롭게 하다 miserable 비참한

당신의 연봉을 높여줄 마법의 명언들

경청(Listen)과 침묵(Silent)은
영어 철자가 동일하다.

Listen and silent are spelled with the same letters. ***

Elbert Hubbard, 미국 작가

우연의 일치인가. Listen과 Silent는 e i l n s t 여섯 글자로 이뤄져 있다. 경청하다와 조용하다는 의미적으로 서로 맞닿아 있다. 생각 없이 말하는 사람은 무시의 대상이 된다. 조용히 경청하는 사람은 두려움의 대상이 된다. 침묵은 큰 비용을 들이지 않고 나를 보호하는 가장 효과적인 방법이다.

〈Tips〉 Spell 스펠링을 쓰다 Letter 철자

🔅 AI 추천 명언

침묵은 가장 위대한 대화법이다.

Silence is one of the great arts of conversation. – Marcus Tullius Cicero *

조용할수록 더 잘 들을 수 있다.

The quieter you become, the more you are able to hear. – Rumi *

지식은 공짜가 아니다.
관심이라는 값을 치러야 한다.

Knowledge is not free.
You must pay attention. *

Tim Fargo, 미국 작가

관심을 가지면 지식이 생긴다. 지식이 쌓이면 이해가 생긴다. 이해가 생기면 사랑도 생긴다. 사람에 관심을 가지면 그 사람에 대한 지식이 생기고, 지식이 생기면 이해가 생기고, 이해가 생기면 사랑도 생긴다. 모든 것이 관심으로부터 시작된다.

⟨Tips⟩ Free 공짜의 Pay 값을 치르다 Attention 관심

🔆 AI 추천 명언

마음은 채워야 하는 그릇이 아니라 켜야 하는 등불이다.

The mind is not a vessel to be filled, but a fire to be kindled.

– Plutarch *

⟨Tips⟩ fill 채우다 kindle 불을 켜다

관심은 가장 드물고 순수한 형태의 관대함이다.

Attention is the rarest and purest form of generosity. – Simone Weil **

⟨Tips⟩ attention 관심 generosity 관대함

　　　　　당신의 연봉을 높여줄 마법의 명언들

걱정은 내가 지지 않은 빚을
갚는 것과 같다.

Worrying is like paying a debt
you don't owe. **

Mark Twain, 미국 소설가

걱정하는 문제의 대부분은 나에게 일어나지 않는다. 나에게 일어나지 않는 문제는 나의 문제가 아니라 남의 문제일 것이다. 그러므로 걱정은 내 문제가 아닌 남의 문제로 두려워하는 것이다. 내 걱정은 다른 사람이 하고 있다.

⟨Tips⟩ Debt 빚 Owe 빚지다

AI 추천 명언

걱정은 내일의 슬픔을 없애 주지 않는다. 오늘의 기쁨을 없앨 뿐이다.

Worry never robs tomorrow of its sorrow, it only saps today of its joy. – Leo Buscaglia *

⟨Tips⟩ rob 빼앗다 sap 빼내다

걱정은 작은 일에 큰 그늘을 씌우는 것이다.

Worry often gives a small thing a big shadow. – Swedish Proverb *

낙관주의자는 비행기를 만들고,
비관주의자는 낙하산을 만든다.

The optimist invents the airplane.
The pessimist invents the parachute. **

George Bernard Shaw, 아일랜드 극작가

낙관주의자에 대한 과대평가도 피해야 하지만 비관주의자에 대한 과소평가도 피해야 한다. 역할이 다를 뿐이다. 낙관주의자와 비관주의자가 함께 비행기를 타 보면 서로의 가치를 알게 되지 않을까.

〈Tips〉 Optimist 낙관주의자 Pessimist 비관주의자 Airplane 비행기 Parachute 낙하산

🔆 AI 추천 명언

낙관주의자들은 추수 감사절에 다이어트를 시작하는 사람들이다.

An optimist is a person who starts a new diet on Thanksgiving Day. – Irv Kupcinet *

낙관주의자들은 사자에게 쫓겨 나무에 올라갔을 때 경치를 구경하는 사람들이다.

An optimist is someone who gets treed by a lion but enjoys the scenery. – Walter Winchell *

〈Tips〉 tree 나무로 쫓다 scenery 경치

당신의 연봉을 높여줄 마법의 명언들

건강은 또 다른 형태의 부다.

Health is another form of wealth. *

Ralph Waldo Emerson, 미국 수필가

건강을 지키면 돈을 버는 것이다. 그것도 아주 많이. 건강을 잃으면 돈을 잃는 것이다. 그것도 아주 많이. 건강을 지키면 실패해도 또 기회가 있다. 건강을 잃으면 성공해도 실패한 것이다.

〈Tips〉Health 건강 Wealth 부 Another form 또 다른 형태

AI 추천 명언

당신의 몸을 귀하게 여겨라. 당신이 살 수 있는 유일한 곳이기 때문이다.
Take care of your body. It's the only place you have to live.
– Jim Rohn **

건강이란 건전한 사람의 머리에 씌워진 왕관이다. 건강하지 않은 사람만 볼 수 있는.
Health is the crown on the well person's head that only the ill
person can see. – Robin Sharma *

게으르면 쉬운 일이 하나도 없고,
미치면 어려운 일이 하나도 없다.

Nothing is easy when you are lazy.
Everything is easy
when you are crazy. **

Khalil Gibran, 미국 시인

제정신이 아니면 초인적인 힘을 발휘하게 된다. 뇌 속에 엄청난 행복 호르몬이 쏟아져 나와 희열 때문에 고통을 느끼지 못한다. 아무리 말려도 듣지 않는다. 말리면 오히려 더 한다. 한번은 경험해 볼 만한 정신 질환이다.
〈Tips〉Easy 쉬운 Lazy 게으른 Crazy 미친

🔅 AI 추천 명언

모든 것을 at once 한꺼번에 할 수는 없다. 그러나 무언가를 at once 즉시 할 수는 있다.

You can't do everything at once, but you can do something at once. – Karen Lamb *

〈Tips〉at once 한꺼번에, 즉시

햇빛은 초점을 모으지 않으면 태울 수 없다.

The sun's rays do not burn until brought to a focus. – Alexander Graham Bellhttps *

당신의 연봉을 높여줄 마법의 명언들

인생의 가장 중요한 두 날
- 당신이 태어난 날 그리고 태어난 이유를 발견한 날.

The two most important days in your life: the day you were born and the day you find out why. ***

Mark Tawin, 미국 소설가

사람들은 끊임없이 인생의 목적을 알려고 한다. 왜 태어났는지 끊임없이 묻는다. 인생의 목적을 알게 되면 인생의 방황에 종지부가 찍힌다. 그날이 태어난 날보다 더 중요한 날이 된다. 태어난 이유를 모르면 태어나지 않은 것과 별반 차이가 없다.

〈Tips〉 The day you were born 태어난 날 The day you find out why 태어난 이유를 발견한 날

🔅💡 AI 추천 명언

돈을 벌면 그럭저럭 살아가지만 돈을 베풀면 의미있는 삶이 된다.

We make a living by what we get, but we make a life by what we give. – Winston Churchill *

〈Tips〉 make a living 살아가다 make a life 의미있는 삶을 살다

인생의 의미는 우리의 재능을 발견하는 것이다. 인생의 목적은 그것을 나눠주는 것이다.

The meaning of life is to find your gift. The purpose of life is to give it away. – Pablo Picasso *

건강 서적 읽는 거 조심해라.
인쇄 오타로 죽을 수도 있다.

Be careful about reading health books.
You may die of a misprint. *

Mark Twain, 미국 소설가

완벽주의는 치명적인 약점을 가지고 있다. 작은 오류에도 전체가 무너질 수 있다는 것이다. 완벽주의 같은 강직함보다는 말랑말랑한 유연함이 이기는 시대다.

〈Tips〉 Be careful 조심하다 Health books 건강 서적 Die of ~때문에 죽다 Misprint 인쇄 오타

AI 추천 명언

지혜로운 사람은 어리석은 질문에서 배우고, 어리석은 사람은 지혜로운 답에서 배운다.

A wise man can learn more from a foolish question than a fool can learn from a wise answer. – Bruce Lee *

사람들이 자신의 문제를 해결하기 위해 다른 사람에게 주는 것이 충고다.

Advice is often something someone gives you to get rid of their own problems. – Unknown *

꿈은 이뤄질 수 있다.
그러나 악몽도 꿈이라는 것을 잊지 말라.

Dreams can come true. But don't forget that nightmares are dreams too. *

Dave Mustaine, 미국 뮤지션

꿈이 이뤄졌다고 외친 다음날부터 우울해지는 성공은 악몽이다. 성공의 팡파레 속에 들리는 세미한 진실의 소리를 들어야 한다. 처음부터 성공이 아니었던 것일 수 있기 때문이다. 꿈이 이뤄졌어도 불행하다면 실패한 것이고, 행복하다면 꿈이 이뤄지지 않았어도 성공한 것이다.

〈Tips〉 Dreams come true 꿈이 이뤄지다 Nightmares 악몽

 AI 추천 명언

꿈은 잠잘 때 꾸는 것이 아니라, 당신을 잠들지 못하게 하는 어떤 것이다.

The dream is not what you see in sleep; it is something that does not let you sleep. – A.P.J. Abdul Kalam *

장애물이란 목표에서 눈을 떼었을 때 보게 되는 두려운 것들이다.

Obstacles are those frightful things you see when you take your eyes off your goal. – Henry Ford **

〈Tips〉 take eyes off 눈을 떼다

받을 자격이 없는 것을 주시는 것이 은혜이고,
받아 마땅한 것을 주시지 않는 것이 자비다.

Grace is when God gives us what we don't deserve. Mercy is when God does not give us what we deserve. ***

Joyce Meyer, 미국 크리스챤 저술가

구원은 우리가 받을 자격이 없는 것이지만 하나님이 베풀어 주신다. 이것이 은혜다. 심판은 우리가 받아 마땅한 것이지만 하나님이 주지 않으신다. 이것이 자비다. 은혜와 자비는 모두 하나님이 우리를 사랑하시기 때문에 주시는 선물이다.

〈Tips〉 Deserve 받아 마땅하다 Grace 은혜 Mercy 자비

AI 추천 명언

베풂으로 가난하게 된 사람은 없다.

No one has ever become poor by giving. – Anne Frank *

은혜는 우리의 불완전함의 틈을 통해 비춰지는 빛이다.

Grace is the light that shines through the cracks of our imperfections. – Unknown ***

당신의 연봉을 높여줄 마법의 명언들

고통의 시간은 모래에 적고,
행복의 시간은 돌에 새겨라.

Write your sad times in the sand.
Write your good times in stone. **

Disney Channel 시리즈 Hannah Montana 중에서

환경으로부터 받는 고통이 있고, 사람으로부터 받는 고통이 있다. 전자는 생존의 지혜가 되고, 후자는 성숙의 지혜가 된다. 어떤 지혜를 얻었건 고통은 잊고 미래를 향해 나아가야 한다.

〈Tips〉 Sad times 고통의 시간들 Good times 행복의 시간들

 **AI 추천 명언**

기쁨이란 하나님이 존재하심을 나타내는 가장 확실한 증거다.

Joy is the infallible sign of the presence of God. – Leon Bloy *

〈Tips〉 infallible 틀림없는 presence 존재

기뻐하는 것은 가장 간단한 감사의 표시다.

Joy is the simplest form of gratitude. – Karl Barth *

〈Tips〉 joy 기쁨 gratitude 감사

죽은 자가 산 자보다 더 많은 꽃을 받는다.
후회가 감사보다 더 강하기 때문이다.

Dead people receive more flowers
than the living ones because
regret is stronger than gratitude. **

Anne Frank, 홀로코스트 희생자

감사의 대상이 사라지면 내 자신에 대한 감정만 남기 때문에 후회가 더 강하다. 그 후회의 감정을 꽃으로 달래려 하지만 가장 좋은 것은 후회를 반복하지 않는 것이다. 사랑하는 사람들에게 살아 있을 때 감사하자.
〈Tips〉Regret 후회 Gratitude 감사

AI 추천 명언

인생의 비극은 죽음이 아니라 살아 있을 때 마음 안에서 죽게 내버려둔 것들이다.

The tragedy of life is not death but what we let die inside of us while we live. – Norman Cousins **

무덤 위에 뿌려지는 가장 쓴 눈물은 못다한 말과 못다한 행동을 위한 것이다.

The bitterest tears shed over graves are for words left unsaid and deeds left undone. – Harriet Beecher Stowe *

〈Tips〉words left unsaid 못다한 말 deeds left undone 못다한 행동

당신의 연봉을 높여줄 마법의 명언들

당신의 아버지가 돌아가신 날 당신은
당신의 아버지가 자신보다 당신이 더 잘되기를 바라는
유일한 사람임을 깨닫게 될 것이다.

The day you bury your father is the day you realize you've lost the only man who wanted to see you become better than him. *

Shannon L. Alder, 미국 심리 치료사

부모님은 나를 낳아 주신 것만으로도 할 일을 다 하신 분들이다. 세상 그 누구도 대신할 수 없는 일을 하신 분이다. 무엇보다도 우리를 진심으로 사랑해 준 분들이다.

〈Tips〉 The day you bury your father 아버지를 묻는 날 (bury 묻다)

💡 AI 추천 명언

아빠들은 기억하라. 자식들은 충고가 아니라 삶의 본을 따른다는 것을.

Every father should remember one day his son will follow his example, not his advice. – Charles Kettering *

아버지와 아들 사이를 만드는 것은 살과 피가 아니라 심장이다.

It is not flesh and blood but the heart which makes us fathers and sons. – Johann Friedrich von Schiller *

문제를 만든 동일한 사고의 틀로는
문제를 해결할 수 없다.

You cannot solve a problem with the same mindset that created it. ***

Albert Einstein, 이론 물리학자

아인슈타인처럼 천재라 할지라도 사고의 틀 안에 갇히면 문제를 해결할 수 없다. 그래서 필요한 것이 밖에 있는 사람들의 도움이다. 내가 직면해야 할 진실을 직면할 수 있도록 도와주는 사람들. 그들은 알고 있다. 내 문제의 원인을.

〈Tips〉 Mindset 사고의 틀 Create 만들다

🔆 AI 추천 명언

문제는 문제가 아니다. 문제는 문제에 대한 당신의 태도다.

The problem is not the problem. The problem is your attitude about the problem. – Captain Jack Sparrow *

변화는 진정한 배움의 최종 산물이다.

Change is the end result of all true learning. – Leo Buscaglia **

당신의 연봉을 높여줄 마법의 명언들

유혹은 맞서는 것보다
피하는 것이 상책이다.

It is much easier to avoid temptation
than it is to resist it. *

Mark Twain, 미국 소설가

고통의 시련은 맞서 싸워 이겨야 하지만 유혹의 시련은 피하는 것이 상책이다. 적군이 다가오면 더욱 무장을 하지만 미인이 다가오면 무장이 해제되기 때문이다. 인류 역사상 유혹에 맞서 싸워서 이긴 사람은 아무도 없다.

〈Tips〉 Much easier 훨씬 쉬운 Avoid 피하다 Temptation 유혹 Resist 맞서다

 AI 추천 명언

유혹을 이기는 가장 좋은 방법은 그것을 피하는 것이다.

The best way to deal with temptation is to avoid it. – Oscar Wilde *

〈Tips〉 deal with 다루다 temptation 유혹

자제력은 우리를 사실상 무적으로 만드는 마법의 힘이다.

Self-discipline is the magic power that makes you virtually unstoppable. – Dan Kennedy *

〈Tips〉 magic power 마법의 힘 unstoppable 멈출 수 없는

지혜로운 사람은 할 말이 있어서 하지만,
어리석은 사람은 무언가 말을 해야 하기에 한다.

Wise men talk because they have something to say, but fools talk because they have to say something. **

Plato, 그리스 철학자

침묵은 하나님의 언어라고 한다. 지식과 지혜가 부족하다면 그저 말하지 않고 조용히 있는 것이 가장 좋은 전략이다.

〈Tips〉 Something to say 말할 것 Have to say something 무언가를 말해야 하다

AI 추천 명언

말을 아낄수록 사람들은 경청한다.

The less you talk, the more you're listened to. – Zig Ziglar *

어리석은 자의 생각은 입에 있고, 지혜로운 자의 입은 마음에 있다.

A fool's mind is in his mouth; a wise man's mouth is in his mind. – Benjamin Franklin *

당신의 연봉을 높여줄 마법의 명언들

당신이 행복하다면,
다른 사람에게 납득시킬 필요는 없다.

If it makes you happy,
it doesn't have to make sense
to anybody else. **

Robert M. Drake, 미국 시인

나만의 행복은 나만의 이유가 있다. 나만의 행복을 발견하고 혼자 기뻐하는 것만큼 짜릿한 것은 없다. 내 행복의 조건에 대해 다른 사람을 설득할 필요가 없다. 누가 뭐래도 내가 행복하면 그만이다. 단, 나의 행복이 다른 사람의 불행이 되지는 않게.

〈Tips〉Makes you happy 행복하게 만들다 Make sense to anybody else 다른 사람에게 납득되다

🔆 AI 추천 명언

다른 사람과 비교하는 것을 멈춰야 행복이 찾아온다.

Happiness is found when you stop comparing yourself to other people. – Unknown *

행복은 선택의 문제라서, 행복하기로 선택하지 않으면 행복할 수 없다.

Happiness is a choice, not a result. Nothing will make you happy until you choose to be happy. – Ralph Marston *

경험이란 단순히 당신에게 일어난 일이 아니라,
당신이 어떻게 반응하였는가를 의미한다.

Experience is not what happens to you. It is what you do with what happens to you. **

Aldous Huxley, 영국 소설가

아무리 큰 사건이 생겼다고 해도 아무것도 느끼지 않았다면 무의미하다. 반대로 아주 작은 사건이라고 해도 느낀 게 크다면 귀중한 경험이다. 고난의 사건이 왔는데 의미 없이 지나갔다면 그 고난은 낭비된 것이다.

〈Tips〉 What happens to you 당신에게 일어난 일 What you do with what happens 일어난 일에 대해 어떻게 반응하는지

 **AI 추천 명언**

경험이란 단지 우리의 실수에 붙이는 이름이다.

Experience is simply the name we give our mistakes. – Oscar Wilde **

인생은 뒤로만 이해되지만, 그러나 앞으로 살아가야 한다.

Life can only be understood backwards; but it must be lived forwards. – Søren Kierkegaard *

〈Tips〉 backwards 뒤로 forwards 앞으로

당신이 무엇을 하든 사람들은 당신을 판단할 것이다.
그러므로 당신이 하고 싶은 것을 하며 살아라.

You are being judged no matter what.
So be who you want to be. *

Jessica Simpson, 미국 가수

사람들은 내가 잘 해도 못 해도 뒷말을 한다. 시기와 질투 때문이다. 다른 사람이 뭐라고 하든 그것은 none of your business. 성공하면 성공이 그 모든 뒷말을 잠재워 줄 것이다.

〈Tips〉 Judge 판단하다, 비판하다 No matter what 무엇을 하든 Be who you want to be 당신이 되고 싶은 것이 되다

AI 추천 명언

자신을 사랑할수록 다른 사람과 달라지고, 이것이 당신을 특별하게 만든다.
The more you like yourself, the less you are like anyone else,
which makes you unique. – Walt Disney *

〈Tips〉 like 좋아하다, ~과 같은

당신은 원본으로 태어났다. 다른 사람의 복사판으로 생을 마감하지 말라.
You were born an original. Don't die a copy. – John Mason *

〈Tips〉 original 원본 copy 복사본

화났을 때는 결정하는 것을 피하고,
즐거울 때는 약속하는 것을 피하라.

Avoid making decisions
when you are angry. Avoid making
promises when you are happy. *

Robert Greene, 미국 저술가

감정은 동물적 두뇌 활동이다. 그래서 감정이 뇌를 지배하면 동물적 판단이 나온다. 그러다 정신 차리면 결과를 책임져야 하는 때가 온다. 말려 주는 사람의 말을 경청하라.

〈Tips〉 Making decisions 결정을 하는 것 Making promises 약속을 하는 것 Angry 화난 Happy 행복한

 AI 추천 명언

생각은 훌륭한 종이기도 하지만 형편없는 상전이기도 하다.

The mind is a wonderful servant but a terrible master. – David Foster Wallace *

〈Tips〉 servant 종 master 상전

생각은 현실이 된다. 마음으로 보는 것들은 손에 쥐게 되어 있다.

Thoughts become things. If you see it in your mind, you will hold it in your hand. – Bob Proctor *

당신의 연봉을 높여줄 마법의 명언들

우울하다면 과거에 살고 있는 것이고, 초조하다면 미래에 살고 있는 것이다.

If you are depressed, you are living in the past. If you are anxious, you are living in the future. **

Lao Tzu, 중국 철학자

우리는 과거에 사는 것도 아니고 미래에 사는 것도 아니다. 현재에 살고 있다. 현재 두려워하거나 초조하다면 무언가를 행하고 있지 않기 때문이다.

〈Tips〉 Depressed 우울한 Live in the past 과거 속에 살다 Anxious 초조한 Live in the future 미래 속에 살다

미래의 가장 좋은 점은 한 번에 하루씩 온다는 것이다.

**The best thing about the future is that it comes one day at a time. – Abraham Lincoln **

〈Tips〉 one day at a time 한번에 하루씩

매 순간은 우리가 경험해 본 적 없는 곳이다.

Each moment is a place you have never been. – Mark Strand *

우리는 우리가 반복해서 행하는 것이다.

We are what we repeatedly do. ***

Aristotle, 그리스 철학자

오리처럼 걷고 오리처럼 울고 오리처럼 먹는다면 그 사람은 오리다. 우리가 무엇을 반복하는가가 우리의 정체성이 된다. 성공한 사람이 되고 싶으면 작은 성공을 반복하면 된다. 작은 습관이 큰 성공을 만든다.

〈Tips〉 Repeatedly 반복해서 What we repeatedly do 우리가 반복해서 하는 것

🅰 AI 추천 명언

우리는 우리의 모습이라고 믿는 그것이다.

We are what we believe we are. – C.S. Lewis *

우리는 우리가 되기로 선택한 그것이다.

We are what we choose to become. – Jean–Paul Sartre *

웃음은 반드시 당신이 행복하다는 것을 의미하지는 않는다. 때로는 당신이 강하다는 것을 의미하기도 한다.

Smiling doesn't necessarily mean you're happy. Sometimes, it just means you're strong. *

J. A. G. F., 미국 자기계발 작가

웃음은 위에서 나는 소리라고 한다. 으뜸 소리라는 뜻이다. 괴로울 때 웃는 것은 괴로운 마음을 감추는 것이다. 괴로운 마음을 감추는 것은 이타적인 행위다. 그런 웃음을 웃는 당신은 이미 승리한 사람이다.

〈Tips〉 Not necessarily 반드시 ~한 것은 아니다

AI 추천 명언

미소는 모든 것을 직선으로 펴 주는 곡선이다.

A smile is a curve that sets everything straight. – Phyllis Diller *

〈Tips〉 curve 곡선 straight 직선의

웃으면 당신의 얼굴 값이 높아진다.

Smile! It increases your face value. – Anonymous *

〈Tips〉 smile 웃음 face value 얼굴값, 액면가

오늘은 어제 당신이 걱정하던
그 내일이다.

Today is the tomorrow you worried about yesterday. *

Dale Carnegie, 미국 수필가

우리가 걱정하는 것의 90%는 실제로는 일어나지 않는다. 어제 그렇게 걱정하던 것이 오늘 일어나지 않은 것처럼 오늘 걱정하는 일은 내일 일어나지 않을 것이다. 그렇게 많이 경험을 했음에도 불구하고 또 잊고 걱정하는 것이 우리다. 시간은 우리가 얼마나 틀렸는지를 증명하며 흘러간다.

〈Tips〉 Today 오늘 The tomorrow you worried about 당신이 걱정하던 바로 그 내일 Yesterday 어제

🧠 AI 추천 명언

어제가 질투를 느끼도록 오늘을 멋지게 살아라.

Make today so awesome that yesterday gets jealous.

– Unknown *

〈Tips〉 awesome 경외로운 jealous 질투하는

슬픈 사람은 뒤를 보고, 걱정하는 사람은 옆을 보고, 믿음의 사람은 위를 본다.

Sorrow looks back, worry looks around, faith looks up. – Ralph Waldo Emerson *

　　　　　　　　당신의 연봉을 높여줄 마법의 명언들

친절은 귀머거리가 들을 수 있고
소경이 볼 수 있는 언어이다.

Kindness is a language that the deaf can hear and the blind can see. **

Mark Twain, 미국 소설가

귀머거리가 아니어도 듣지 못하는 사람이 있고, 소경이 아니어도 보지 못하는 사람이 있다. 그런 사람들 모두가 알아듣는 언어가 친절이다.

〈Tips〉 Language that the deaf can hear 귀머거리가 들을 수 있는 언어 Language that the blind can see 소경이 볼 수 있는 언어

AI 추천 명언

따뜻한 미소는 친절의 만국 공통어다.

A warm smile is the universal language of kindness. – William Arthur Ward *

우리 스스로를 응원하는 가장 좋은 방법은 다른 사람을 응원하는 것이다.

The best way to cheer yourself is to try to cheer someone else up. – Mark Twain *

변명으로 사과를 망치지 말라.

Never ruin an apology with an excuse. **

Benjamin Franklin, 미국 정치인

미안해, 사랑해, 고마워, 이 세 가지 말만 잘 해도 성공한 삶이 된다. 그 중에서 가장 어려운 말은 사과의 말이다. 내 자신을 부인한다는 것은 작은 죽음이다. 변명은 이 죽음에 대한 거부 반응이다. 사과할 때는 변명하지 말라. 그래야 상대방에게서도 사과를 받아 낼 수 있다.

〈Tips〉 Ruin 망치다 Apology 사과 Excuse 변명

 AI 추천 명언

뻣뻣한 사과는 두 번째의 모욕이다.

A stiff apology is a second insult. – G.K. Chesterton *

〈Tips〉 apology 사과 insult 모욕

가장 좋은 사과는 행동을 고치는 것이다.

The best apology is changed behavior. – Unknown *

당신의 연봉을 높여줄 마법의 명언들

비교 의식은 즐거움을 빼앗아 가는 도둑이다.

Comparison is the thief of joy. **

Theodore Roosevelt, 미국 26대 대통령

비교는 나와 다른 사람이 아니라, 나와 나를 비교해야 한다. 나는 나로서의 아름다움과 풍요함을 가지고 있다. 작년보다 올해 나아진 모습이 있다면 잘 하고 있는 것이다. 다른 사람의 인생은 none of your business.

〈Tips〉 Comparison 비교, 비교의식 Thief of joy 즐거움을 빼앗아 가는 강도

AI 추천 명언

비교는 자신에 대한 폭력 행위다.

Comparison is an act of violence against the self. – Iyanla Vanzant *

당신 스스로 존재하라. 다른 사람에게 당신 자리는 없다.

Be yourself; everyone else is already taken. – Oscar Wilde *

좋은 결정은 좋은 경험에서 나오고,
좋은 경험은 나쁜 결정에서 나온다.

Good decisions come from good experience, and good experience comes from bad decisions. **

Mark Twain, 미국 소설가

실패는 때로 가장 값진 스승이 된다. 잘못된 결정 뒤의 후회와 고통은 중요한 교훈이 되기 때문이다. 중요한 건 배워 나가려는 자세다. 실패는 결코 끝이 아니라 더 나은 결정을 위한 출발점일 뿐이다.

〈Tips〉Permanent decision 영구적인 결정 Temporary emotions 일시적인 감정 Based on ~에 기초해서

 AI 추천 명언

운명은 결정의 순간들 속에서 만들어진다.

It is in your moments of decision that your destiny is shaped.

– Tony Robbins *

〈Tips〉decision 결정 destiny 운명

영구적인 결정을 일시적인 감정에 기초해서 하지 말라.

Don't make a permanent decision based on temporary emotions. – Unknown **

〈Tips〉permanent 영구적인 temporary 일시적인

당신의 연봉을 높여줄 마법의 명언들

아무런 교훈을 얻지 못한 실수가
진짜 실수다.

The only real mistake is the one from which we learn nothing. **

Henry Ford, 미국 자동차 기업가

실수나 실패는 우리에게 교훈과 지혜를 준 것으로 할 일을 다 했다. 돌아볼 필요가 없다. 뒤로 갈 것이 아니기 때문에. 실패하고도 아무런 교훈을 얻지 못했다면 실패를 낭비한 것이다.

〈Tips〉 The only real mistake 유일한 진짜 실수 We learn nothing 아무 것도 배우지 못하다

 **AI 추천 명언**

성공률을 높이려면, 실패율을 두 배로 올려라.

If you want to increase your success rate, double your failure rate. – Thomas J. Watson *

〈Tips〉 success rate 성공률 failure rate 실패율

크게 실패할 각오를 한 사람만이 크게 성공할 수 있다.

Only those who dare to fail greatly can ever achieve greatly.
– Robert F. Kennedy *

인생은 우리에게 일어나는 일이 10%,
그것에 어떻게 반응했는가가 90%다.

Life is 10% what happens to us
and 90% how we react to it. *

Charles R. Swindoll, 미국 목사

사건들 가운데 어떤 생각을 하고 반응했는가가 인생의 위대함을 규정한다. 아무리 크고 험한 고난의 사건이라 왔더라도 반응 없이 지나간 고난은 낭비된 것이다. 고난이 성숙의 기회가 되고 절대자에게 나아가는 기회가 되는 삶이야 말로 위대한 것이다.

〈Tips〉 What happens to us 우리에게 일어나는 것 How we react to it 그것에 어떻게 반응하는가

AI 추천 명언

중요한 것은 어떤 일이 일어났느냐가 아니라 그것에 대해 어떻게 반응했는가이다.

It's not what happens to you, but how you react to it that matters. – Epictetus *

생각한다는 것은 중노동임에 틀림없다. 생각하는 사람이 이렇게 없으니.

Thinking is the hardest work there is, which is probably the reason so few engage in it. – Henry Ford **

용서란 제비꽃이 자기를 짓밟은
구둣발 밑에서 내는 향기 같은 것.

Forgiveness is the fragrance that the violet sheds on the heel that has crushed it. ***

Mark Twain, 미국 소설가

누군가 나를 밟아 짓밟았는데 오히려 그에게 행운을 빌어 준다면 짓밟은 그는 인생 최고의 선물을 잃는 것이다. 용서는 최고의 복수다. 용서할 수 있는 특권은 짓밟힘을 당한 자에게만 있다.

〈Tips〉 Forgiveness 용서 Fragrance 향기 Violet 제비꽃 Shed 흘리다, 내놓다 Heel 발 뒤꿈치 Crush 짓밟다

🔆 AI 추천 명언

실수는 인간이 하고, 용서는 하나님이 한다.

To err is human; to forgive, divine. – Alexander Pope *

용서는 사랑의 최종 형태다.

Forgiveness is the final form of love. – Reinhold Niebuhr *

모든 사람을 행복하게 만들려면,
리더가 되지 말고 아이스크림을 팔아라.

If you want to make everyone happy, don't be a leader. Sell ice cream. ***

Steve Jobs, 애플 CEO

리더는 고독의 자리이다. 결국 최후의 결정은 혼자 내려야 하기도 하고 어떤 결정이든 모두를 기쁘게 하지는 못하기 때문이다. 때로 모두의 반대를 무릅쓰고 결정을 내려야 할 때도 있다. CEO는 Chief Entertainment Officer가 아니다.

〈Tips〉 Make everyone happy 모두를 행복하게 만들다

 **AI 추천 명언**

성공의 비결을 알려 줄 수는 없지만, 실패의 비결은 알려 줄 수 있다. 모두를 만족시키려는 것.

I cannot give you the formula for success, but I can give you the formula for failure–It is: Try to please everybody. – Herbert Bayard Swope *

〈Tips〉 formula 공식

모두를 만족시킬 수는 없다. 모두가 당신을 좋아하게 만들 수도 없다.

You can't please everyone, and you can't make everyone like you. – Katie Couric *

당신의 연봉을 높여줄 마법의 명언들

겉표지만 보고 책을 판단하지 말라.

Don't judge a book by its cover. **

C.S. Lewis, 영국 크리스챤 저술가

사람을 외모로 판단해서는 안 된다. 그가 가진 비전과 가치관을 봐야 한다. 비전과 가치관이 그의 미래가 된다. 하지만 그의 말을 믿지는 말라. 그의 행동을 믿으라. 미래를 만드는 것은 말이 아니라 행동이기 때문이다.

〈Tips〉 Judge 판단하다 Cover 책 표지

 **AI 추천 명언**

아름다움이란 피부 깊이에 불과하다.

Beauty is only skin deep. – Sir Thomas Overbury *

인생은 길이가 아니라 깊이다.

It is not the length of life, but the depth of life. – Ralph Waldo Emerson *

사람을 웃게 만들면 세상을 바꿀 수 있다. 온 세상은
아니더라도 웃는 그 사람의 세상은 바꿀 수 있다.

Making a person smile
can change the world. Maybe not the
whole world but their world. *

Roy T. Bennett, 미국 심리학 박사

다른 사람을 웃음을 주는 사람이 천사라고 한다. 자신을 낮추지 않으면
다른 사람을 웃길 수 없다. 다른 사람을 웃기는 것은 타인을 위한 배려
이고 사랑이다. 배려와 사랑이 한 사람의 세상을 환하게 만든다.

〈Tips〉 Make a person smile 사람을 웃게 만들다 Change the world 세상을 바꾸다
The whole world 온 세상 Their world 웃는 사람의 세상

AI 추천 명언

웃음이 없는 날이 가장 헛되게 보낸 날이다.

**The most wasted of days is one without laughter. – E.E.
Cummings ***

모두를 도울 수는 없지만, 누군가를 도울 수는 있다.

**We can't help everyone, but everyone can help someone.
– Ronald Reagan ****

사람의 말은 열쇠 같아서, 선택만 잘하면
마음을 열 수도 있고 입을 닫을 수도 있다.

Words are like keys.
If you choose them right, they can
open any heart and shut any mouth. *

Derrick L. Daugherty, 리더십 전문가

Sound와 Voice는 다르다. Sound는 음파에 불과한 것이고 Voice는 메시지를 담고 있는 언어다. 말은 사람의 마음을 열기도 하고 입을 닫게도 한다. 그러기 위해서는 공감이 필수다. 공감하지 못하는 말은 Sound에 불과하다.

〈Tips〉 Open any heart 어떤 마음이라도 열 수 있고 Shut any mouth 어떤 입이라도 닫을 수 있다

 AI 추천 명언

말하기 전에 생각하라. 생각하기 전에 읽어라.

Think before you speak. Read before you think. – Fran Lebowitz *

혀에는 뼈가 없지만 심장을 부술 만큼 강하다.

The tongue has no bones, but is strong enough to break a heart. – Unknown *

생일은 당신이 울 때 당신의 엄마가 웃은 유일한 날이다.

Birthday is the only day in your life your mother smiled when you cried. **

Khalil Gibran, 레바논 출신 시인

부모는 살아 있을 때보다 죽었을 때 더 많은 꽃다발을 받는다. 후회가 감사보다 더 크기 때문이다. 당신이 울며 태어난 날 너무나도 기뻐 웃으셨을 부모를 생각하며 감사하라.

〈Tips〉 Smile 웃다 Cry 울다

💡 AI 추천 명언

세상에게 당신은 그저 한 사람에 불과하지만, 한 사람에게 당신은 세상 전부다.

To the world, you may be one person, but to one person you may be the world. – Dr. Seuss *

아이들에게 어머니는 이 세상 첫 번째 선생님이다.

The mother is the first teacher of the child. – Aristotle *

당신의 연봉을 높여줄 마법의 명언들

돈이 말한다. 당신이 오늘 나를 구해 주면,
나는 내일 당신을 구해 줄 것이다.

Money says: If you save me today,
I will save you tomorrow. *

American Proverb

돈은 모든 악의 근원이다. 돈의 부족 또한 모든 악의 근원이다. 돈을 물 쓰듯 하면 돈은 물처럼 새 나간다. 나는 주인이고 돈은 종이다. 내가 하라는 대로 한다. 돈은 죄 없다.

〈Tips〉 Money 돈 Save 저축하다, 구해 주다

🔆 AI 추천 명언

한 페니를 저축하면 한 페니를 버는 것이다.

A penny saved is a penny earned. – Benjamin Franklin *

복리 이자는 세계 8대 불가사의다.

Compound interest is the eighth wonder of the world. – Albert Einstein *

〈Tips〉 compound interest 복리 wonder 불가사의

악마는 선하고 친절한 척할 수 있다.
그러나 선하고 친절한 사람이 악마인 척할 수는 없다.

Evil can pretend to be good and kind. But good and kind people cannot pretend to be evil. *

David Icke, 영국 작가

보기에 선하고 친절한 사람이 실제 그런 사람인지 가려낼 수 있어야 한다. 대가를 제공하지 말아보면 나타나게 된다. 대가를 바라면 그런 척했던 것이고 대가를 바라지 않으면 진짜 그런 사람이다.

〈Tips〉 Pretend ~인 척하다 Good and kind 선하고 착한 Evil 악마

🔅 AI 추천 명언

인격이란 가장 어두운 상황 속에서 나타나는 당신의 모습이다.

Character is what you are in the dark.– Dwight L. Moody *

〈Tips〉 character 인격 dark 어둠

당신은 당신의 생각이 데려온 오늘이다. 당신은 당신의 생각이 데려갈 내일이다.

You are today where your thoughts have brought you; you will be tomorrow where your thoughts take you. – James Allen **

당신의 연봉을 높여줄 마법의 명언들

당신이 돈 없으면 사람들은 말한다 당신 누구야.
당신이 돈 있으면 사람들은 말한다 안녕하세요.

When you have no money, they say who are you? When you have money, they say how are you? **

Unknown

돈이 없어도 유익을 주면 섬김을 받고, 돈이 있어도 유익을 주지 않으면 무시를 받게 된다. 돈의 문제가 아니라 베풂의 문제다.

〈Tips〉 Who are you? 당신 누구야 How are you? 안녕하세요

🔆 AI 추천 명언

돈은 인격을 바꾸지 못한다. 인격을 드러낼 뿐이다.

Money doesn't change people; it reveals them. – Unknown *

〈Tips〉 change 바꾸다 reveal 드러내다

돈의 부족이 모든 악의 근원이다.

The lack of money is the root of all evil. – Mark Twain *

〈Tips〉 lack 부족 root 뿌리

얻기 어려운 것이라고
반드시 소중한 것은 아니다.

Just because something is hard to obtain does not mean it is valuable. *

Kurt Vonnegut, 미국 작가

반대로 너무나 가치가 큰 것도 거저 주면 소중하게 생각지 않게 된다. 소중한 것의 진정한 가치는 인생의 본질을 아는 사람만이 매길 수 있다.
〈Tips〉Obtain 얻다 Valuable 가치 있는 Just because ~ does not mean~ 이렇다고 해서 반드시 그런 것은 아니다

🔆 AI 추천 명언

어떤 것의 가치는 그것을 얻기 위한 비용과 동일하지는 않다.
The value of a thing is not the same as the cost of obtaining it.
– Seneca *
〈Tips〉value 가치 cost 비용

우리가 당연하게 여기는 것들이 가장 가치가 있는 것들이기도 하다.
Sometimes the most valuable things are the ones we take for granted. – Unknown *
〈Tips〉valuable 가치 있는 take for granted 당연한 것으로 여기다

당신의 연봉을 높여줄 마법의 명언들

누구나 계획은 가지고 있다
처맞기 전까지는.

Everybody has a plan until they get punched in the mouth. **

Mike Tyson, 헤비급 복싱 세계 챔피언

나의 모습을 정확하게 알고 덤빌 때와 피할 때를 알아야 한다. 그러나 한번쯤은 처맞아 볼 필요가 있다. 세상이 호락호락하지 않다는 것을 알아야 하기에.

〈Tips〉 Plan 계획 Get punched in the mouth 입에 펀치를 맞다

 **AI 추천 명언**

인생의 유일한 상수는 변화이다.

The only constant in life is change. – Heraclitus *

〈Tips〉 constant 상수 change 변화 cf. variable 변수

이론상 이론과 실제는 다르지 않다. 그러나 실제상 다르다.

In theory, there is no difference between theory and practice. But, in practice, there is. – Yogi Berra *

〈Tips〉 in theory 이론적으로 in practice 실제적으로

말하는 거 배우는 데 2년이 걸리고,
입 다무는 거 배우는 데 60년이 걸린다.

It takes two years to learn to speak and sixty to learn to keep quiet. ***

Ernest Hemingway, 미국 소설가

사람은 왜 말을 참는 것이 어려울까. 교만하기 때문이다. 남보다 더 잘났음을 보여서 나의 우월함을 확인하고 싶기 때문이다. 고독을 싫어하기 때문이기도 하다. 나의 괴로움을 알려서 도움을 너무나도 받고 싶기 때문이다. 말하는 것이 별 소용이 없다는 것을 알게 되면 비로소 입을 다물게 된다.

〈Tips〉Take 시간이 걸리다 Speak 말하다 Keep quiet 입다물다

🤖 AI 추천 명언

침묵은 하나님의 언어이다. 다른 모든 것은 서툰 번역일 뿐이다.

Silence is the language of God; all else is poor translation.

– Rumi *

〈Tips〉silence 침묵 language 언어

마음이 침묵하면 하나님이 말을 하신다.

In the silence of the heart, God speaks. – Mother Teresa *

〈Tips〉silence 침묵 speak 말하다

당신의 연봉을 높여줄 마법의 명언들

정의가 아니면 행하지 말고,
진실 아니면 말하지 말라.

If it is not right, do not do it.
If it is not true, do not say it. **

Marcus Aurelius, 로마 시대 철학자

인생은 얻는 것과 못 얻는 것의 싸움이 아니라 지키는 것과 지키지 못하는 것의 싸움이다. 보이는 것을 얻는 것보다 보이지 않는 것을 지키는 것은 훨씬 더 중요하다.

〈Tips〉 Right 옳은 True 진실된

🔆 AI 추천 명언

진실을 말하라. 어떤 사람은 기뻐할 것이고 어떤 사람은 두려워할 것이다.

**Always tell the truth. This will amaze some people and terrify others. – Mark Twain **

〈Tips〉 truth 진실 amaze 놀라게 하다 terrify 두렵게 하다

정직은 지혜의 책에서 첫 번째 장이다.

Honesty is the first chapter in the book of wisdom. – Thomas Jefferson *

〈Tips〉 honesty 정직 wisdom 지혜

모욕은
논쟁에서 진 루저들의 무기다.

When the debate is lost,
insults become the loser's tool. **

Socrates, 그리스 철학자

어리석은 자는 끝까지 상대방을 공격하여 무너뜨리려 한다. 모욕은 인격을 저격하는 것이다. 논쟁은 머리로 싸우는 것이고, 모욕은 감정으로 싸우는 것이다.

〈Tips〉 Debate 논쟁 Insult 모욕 Loser's tool 루저의 도구

 AI 추천 명언

모욕은 틀린 사람이 사용하는 논쟁법이다.

Insults are the arguments employed by those who are in the wrong. – Jean–Jacques Rousseau *

〈Tips〉 insult 모욕 in the wrong 잘못된

무례함은 약한 자가 힘을 흉내 내는 것이다.

Rudeness is the weak man's imitation of strength. – Eric Hoffer **

〈Tips〉 rudeness 무례함 imitation 흉내 strength 힘

당신의 연봉을 높여줄 마법의 명언들

마음의 진실을 말하라
목소리가 떨릴지라도.

Speak your mind
even if your voice shakes. *

Maggie Kuhn, 미국 사회 운동가

진실을 직면해야 할 때, 눈은 떨궈지고 입술은 마르고 목소리는 떨린다. 그래서 포기하고 싶어진다. 그래도 말을 해 줘야 한다. 그러지 않으면 비겁해지니까.

〈Tips〉Speak your mind 당신의 마음을 얘기하라 Shake 떨리다

 AI 추천 명언

진실을 말하면, 아무것도 기억할 필요가 없다.

If you tell the truth, you don't have to remember anything.

– Mark Twain *

〈Tips〉truth 진실 remember 기억하다

할 수 없을 거라 생각하는 그것을 행하라.

You must do the thing you think you cannot do. – Eleanor Roosevelt *

〈Tips〉the thing you think you cannot do 당신이 할 수 없을 것이라 생각하는 것

바꿀 수 있는 것을 바꾸는 용기와 바꿀 수 없는 것을 인정하는 평정, 그리고 이 둘의 차이를 알 수 있는 지혜를 주소서.

Lord, give me the courage to change the things I can, the serenity to accept the things I cannot change, and the wisdom to know the difference. ***

Reinhold Niebuhr, 미국 신학자

열정과 냉정의 시간을 통과하면 지혜에 도달한다. 지혜는 그 사람이 어떻게 살아왔는지를 말해 주는 증거다. 여름에 풍성했던 나뭇잎이 모두 떨어지면 가을의 열매가 증명하듯이.

〈Tips〉 Courage 용기 Serenity 마음의 평정 Wisdom 지혜

 AI 추천 명언

지식은 말하고, 지혜는 듣는다.

Knowledge speaks, but wisdom listens. – Jimi Hendrix **

〈Tips〉 speak 말하다 listen 듣다

막대기 한쪽을 들면 다른 쪽도 들게 된다.

When we pick up one end of the stick, we also pick up the other. – Mahatma Gandhi **

〈Tips〉 one end 한쪽 끝 the other 다른 쪽 끝

당신의 연봉을 높여줄 마법의 명언들

당신이 생각하는 최고의 명언 Top 3는?

　이 책을 다 읽고 독자 여러분의 기억에 남는 최고의 명언 Top 3는 무엇인가요? 각자마다 상황이 다르기 때문에 좋아하는 명언도 다르리라고 생각합니다. 정리해 보는 의미에서 아래와 같이 칸을 마련해 봤으니 한번 생각해 보시기 바랍니다.

〈기억에 남는 명언 BEST 3〉

#1 ＿＿＿＿＿＿＿＿＿＿＿＿＿＿＿＿＿＿＿＿＿＿＿

#2 ＿＿＿＿＿＿＿＿＿＿＿＿＿＿＿＿＿＿＿＿＿＿＿

#3 ＿＿＿＿＿＿＿＿＿＿＿＿＿＿＿＿＿＿＿＿＿＿＿

　그리고 여러분의 삶을 담은 여러분만의 인생 명언을 만들어 보시면 어떠실까요? 한번 적어 보십시오.

<나의 인생 명언>

한글: _____

영어: _____

끝으로 필자도 인생 명언을 한번 만들어 봤습니다. 저의 삶을 돌아보면서 제 나름대로의 인생 명언을 한번 만들어 봤습니다. 저에게만은 아주 특별한 명언이 될 거 같습니다.

<필자의 인생 명언>

"아내를 사랑하는 것이 삶을 사랑하는 것이다."
"To love your wife is to love your life." * (AI 번역)

감사합니다.

당신의 연봉을 높여줄 마법의 명언들

Love and Pain

사랑 그리고 아픔

사랑은 꿈을 꾸게 하지만, 잠들지 못하게 하기도 한다. 달콤함 속에 쓴맛을 품고 있는 것이 사랑이다. 뜨겁기도 하지만 차가워지기도 한다. 마음의 평안을 주기도 하지만 늘 불안함이 깔려 있다. 사랑과 이별의 과정 속에 있는 젊은 청춘들을 위한 지혜의 명언들을 모아 봤다.

사랑하는 사람의 터치를 받으면 누구나 시인이 된다.

At the touch of a lover, everyone becomes a poet. ***

사랑은 한 영혼이 두 몸체에 깃든 것이다.

Love is when one soul inhabits two bodies. **

사랑은 다른 사람에게서 나 자신을 발견하는 것이다.

To love is to recognize yourself in another. **

사랑에 빠지면 잠 못 드는 이유는 마침내 꿈보다 현실이 더 좋기 때문이다.

**You know you're in love when you can't fall asleep
because reality is finally better than your dreams. *****

포옹은 팔로 하는 미소다.

A hug is a smile with arms. **

기도할 때, 입 맞출 때, 꿈꿀 때 눈을 감는 이유는 가장 아름다운 것들은
눈으로 보는 것이 아니라 마음으로 느끼는 것이기 때문이다.

**Do you know why we close our eyes while
we pray, kiss, or dream? Because the most beautiful
things aren't seen but felt with the heart. ****

결혼은 함께 살 만한 사람과 하는 것이 아니라,
함께 살지 않으면 죽겠는 사람과 하는 것이다.

**You don't marry someone you can live with.
You marry someone you cannot live without. ****

당신의 연봉을 높여줄 마법의 명언들

사랑은 불붙은 우정이다.

Love is friendship that has caught fire. ***

결혼은 생일을 기억하지 못하는 사람과
생일을 잊지 못하는 사람의 연합이다.

Marriage is the alliance of two people,
one of whom never remembers birthdays
and the other never forgets them. **

행복한 결혼의 비밀은 비밀로 남아 있다.

The secret of a happy marriage remains a secret. **

사랑은 상대방에게 당신을 파괴할 수 있는 힘을 건네주는 것이다.
그것을 사용하지 않을 것을 믿으면서.

Love is giving someone the power to destroy you
and trusting they won't use it. ***

여유 시간에 당신에게 말을 거는 사람이 있고,
당신에게 말을 걸기 위해 여유 시간을 만드는 사람이 있다.

Some people talk to you in their free time.
And some people free their time to talk to you. *

사랑은 reason 이성으로는 알 수 없는 reasons 이유가 있다.

The heart has its reasons which reason knows not. **

사탕을 줄 수 없다면, 달콤하게 말하라.

If you can't give any sugar, then speak sweetly. **

남자 친구를 위한 기도 - 하나님, 이 사람이 저와 함께 있을 수 없다면,
하나님과 함께 있게 해 주세요.

A girl prays for her boyfriend:
Dear God, if he can't be with me, let him be with you. **

넘치도록 가질 수 없는 유일한 것이 사랑이다.
넘치도록 줄 수 없는 유일한 것이 사랑이다.

The only thing we never get enough of is love; and the
only thing we never give enough of is love. *

사랑하는 사람에게 왕관을 줘라. 그러면 그는 왕이 된다.

Give your man a crown and then he becomes a king. **

행복한 가정은 미리 보는 천국이다.

A happy family is but an earlier heaven. **

가족은 삶의 폭풍 속에서 구명복 같은 것.

Family is a life jacket in the stormy sea of life. *

좋은 결혼이란 용서 전문가 둘이 합쳐지는 것이다.

A good marriage is the union of two good forgivers. **

당신에게 문제가 생길 때 하나님께 달려가는 여자와 결혼하라
다른 남자에게 달려가는 여자 말고.

**Marry a woman who runs to God when you have
problems, not to other men. ****

아버지가 자녀에게 할 수 있는 가장 중요한 일은
그들의 엄마를 사랑해 주는 것이다.

**The most important thing a father can do for his
children is to love their mother. *****

당신에게 단 한 가지를 줄 수 있다면 내 눈을 통해서 당신을 볼 수 있는 능력을
드리고 싶습니다. 당신이 나에게 얼마나 소중한 존재인지 알 수 있도록.

**If I could give you one thing in life, I would give you the
ability to see yourself through my eyes because only then
you would realize how special you are to me. *****

잘못 만난 사람은 평안하던 당신을 산산조각 내고,
잘 만난 사람은 산산조각 난 당신을 평안하게 만든다.

**The wrong people find you in peace
and leave you in pieces. The right people find
you in pieces and leave you in peace. ****

행복이란 원하는 모든 것을 갖는 것이 아니라,
가진 모든 것을 누리는 것이다.

**Happiness is not about getting all that you want
but enjoying all that you have. ***

여자는 신부로 살고 싶지 마누라로 살고 싶지는 않다.

Women are obsessed with being the bride, not the wife. *

사랑하는 사람만이 당신이 침묵할 때 당신 말을 들을 수 있다.

**Only those who care about you can hear
you when you are quiet. ***

다른 사람은 잡담 가운데 당신의 이름을 말했을지 몰라도,
나는 기도 가운데 당신의 이름을 말했습니다.

**Others may have mentioned your name in their stories.
But I have mentioned your name in my prayers. ****

남자는 보는 것을 사랑하고, 여자는 듣는 것을 사랑한다.
그래서 여자는 화장을 하고, 남자는 거짓말을 한다.

**Men fall in love with what they see. Women fall in love
with what they hear. Which is why women will always
wear make-up and men always lie. *****

사람들은 사랑받기보다 이해받기 원한다.

**People do not want to be loved so much as to be
understood. *****

사람들이 당신의 부재를 전혀 신경을 안 쓴다면,
당신의 존재가 그들에게 아무런 의미가 없었음을 의미한다.

**If your absence doesn't bother them,
your presence never meant anything to them. ***

당신의 연봉을 높여줄 마법의 명언들

사람을 이용하지 말고 사물을 이용하라.
사물을 사랑하지 말고 사람을 사랑하라.

Don't use people. Use things.
Don't love things. Love people. **

배고플 때 식품점에 가지 말라. 아무거나 잡기 때문이다.
외로울 때 누구를 만나지 말라. 아무거나 잡기 때문이다.

Never go grocery shopping when you are hungry
because you might grab the wrong things.
Never go into a relationship when you feel lonely
because you might grab the wrong thing. *

남자아이가 실연을 당하면 또 다른 여자를 찾게 되지만,
남자 어른이 실연을 당하면 자기 자신을 찾게 된다.

When boys get heartbroken, they find another girl.
When men get heartbroken, they find themselves. **

사랑한다면 놓아주라. 돌아오면 당신 것이고, 안 돌아오면 애초에 당신 것
이 아니었다.

If you love someone, set them free. If they come back,
they are yours. If they don't, they never were. ***

당신이 아는 사람 속에는 당신이 모르는 사람이 있다.

Inside of every person you know there is a person
you don't know. *

연인들이 화가 나면 마음이 멀어지고,
멀어진 마음의 거리를 메꾸기 위해 소리를 지르게 된다.

**When two people are angry at each other,
their hearts distance a lot. To cover that distance
they must shout to be able to hear each other. ****

사과했다고 신뢰를 다시 얻을 자격이 생기는 것은 아니다.

**Just because you apologized doesn't necessarily mean
that you are entitled to their trust again. ***

같은 사람을 두 번 사랑할 수는 없다. 두 번째 사랑은
그 사람을 사랑하는 것이 아니라 추억을 사랑하는 것이다.

**You can never fall in love with the same person
twice because the second time you fall in love
with memories not the person. ***

사람을 멀어지게 하는 것은 거리가 아니라 침묵이다.

Distance does not separate people but silence does. **

누군가를 그리워한다 해서 그가 다시 내 인생에
돌아와야 한다는 것은 아니다. 그리움은 이별의 일부분이다.

**Just because you miss someone
does not mean that you need them back in your life.
Missing is a part of getting over. ****

사랑은 전쟁 같아서, 시작하기는 쉽고,
끝내기는 어려우며, 잊기는 불가능하다.

**Love is like a war: easy to begin, hard to finish,
and impossible to forget. ****

마음의 상처를 준 바로 그것이 새로운 눈을 뜨게 한다.

**The same things that break your heart are also
the same things that open your eyes. *****

당신의 연봉을 높여줄
마법의 명언들

ⓒ 박재수, 2025

초판 1쇄 발행 2025년 4월 2일

지은이   박재수
펴낸이   이기봉
편집   좋은땅 편집팀
펴낸곳   도서출판 좋은땅
주소   서울특별시 마포구 양화로12길 26 지월드빌딩 (서교동 395-7)
전화   02)374-8616~7
팩스   02)374-8614
이메일   gworldbook@naver.com
홈페이지   www.g-world.co.kr

ISBN   979-11-388-4112-2 (03190)